고려대학교 한국어센터 편

3A

KU PRESS
고려대학교출판문화원

고려대학교 한국어센터는 1986년 설립된 이래 한국어와 한국 문화를 재미있게 배우고 효과적으로 가르치는 방법을 연구해 왔습니다. 《고려대 한국어》와 《고려대 재미있는 한국어》는 한국어센터에서 내놓는 세 번째 교재로 그동안 쌓아 온 연구 및 교수 학습의 성과를 바탕으로 하고 있습니다.

이 책의 가장 큰 특징은 한국어를 처음 접하는 학습자도 쉽게 배워서 바로 사용할 수 있도록 구성했다는 점입니다. 한국어 환경에서 자주 쓰이는 항목을 최우선하여 선정하고 이 항목을 학습자가 교실 밖에서 사용할 수 있도록 연습 기회를 충분히 그리고 다양하게 제공하고 있습니다.

이 책을 내기까지 많은 분들의 도움을 받았습니다. 먼저 지금까지 고려대학교 한국어센터에서 한국어를 공부한 학습자들께 감사드립니다. 쉽고 재미있는 한국어 교수 학습에 대한 학습자들의 다양한 요구가 없었다면 이 책은 나오지 못했을 것입니다. 그리고 한국어 학습자들의 요구에 부응하기 위해 열정적으로 교육과 연구에 헌신하고 계신 고려대학교 한국어센터의 선생님들께도 감사드립니다.

무엇보다 한국어 학습자와 한국어 교원의 요구 그리고 한국어 교수 학습 환경을 종합적으로 고려한 최상의 한국어 교재를 위해 밤낮으로 고민하고 집필에 매진하신 저자분들께 깊은 감사를 드립니다. 이 밖에도 이 책이 보다 멋진 모습을 갖출 수 있도록 도와주신 고려대학교 출판문화원의 윤인진 원장님과 직원 여러분께도 감사드립니다. 그리고 집필진과 출판문화원의 요구를 수용하여 이 교재에 맵시를 입히고 멋을 더해 주신 랭기지플러스의 편집 및 디자인 전문가, 삽화가의 노고에도 깊은 경의를 표합니다.

부디 이 책이 쉽고 재미있게 한국어를 배우고자 하는 한국어 학습자와 효과적으로 한국어를 가르치고자 하는 한국어 교원 모두에게 도움이 되기를 바랍니다. 또한 앞으로 한국어 교육의 내용과 방향을 선도하는 역할도 아울러 할 수 있게 되기를 희망합니다.

2020년 8월
국제어학원장 김정숙

이 책의 특징

《고려대 한국어》와 《고려대 재미있는 한국어》는 '형태를 고려한 과제 중심 접근 방법'에 따라 개발된 교재입니다. 《고려대 한국어》는 언어 항목, 언어 기능, 문화 등이 통합된 교재이고, 《고려대 재미있는 한국어》는 말하기, 듣기, 읽기, 쓰기로 분리된 기능 교재입니다.

《고려대 한국어》 3A와 3B가 100시간 분량, 《고려대 재미있는 한국어》 말하기, 듣기, 읽기, 쓰기가 100시간 분량의 교육 내용을 담고 있습니다. 200시간의 정규 교육 과정에서는 여섯 권의 책을 모두 사용하고, 100시간 정도의 단기 교육 과정이나 해외 대학 등의 한국어 강의에서는 강의의 목적이나 학습자의 요구에 맞는 교재를 선택하여 사용할 수 있습니다.

<고려대 한국어>의 특징

▶ **한국어 사용 환경에 놓이지 않은 학습자도 쉽게 배울 수 있습니다.**
  - 한국어 표준 교육 과정에 맞춰 성취 수준을 낮췄습니다. 핵심 표현을 정확하고 유창하게 사용하는 것이 목표입니다.
  - 말하기, 듣기, 읽기, 쓰기 과제의 범위를 제한하여 과도한 입력의 부담 없이 주제와 의사소통 기능에 충실할 수 있습니다.
  - 알기 쉽게 제시하고 충분히 연습하는 단계를 마련하여 학습한 내용의 이해에 그치지 않고 바로 사용할 수 있습니다.

▶ **학습자의 동기를 이끄는 즐겁고 재미있는 교재입니다.**
  - 한국어 학습자가 가장 많이 접하고 흥미로워하는 주제와 의사소통 기능을 다룹니다.
  - 한국어 학습자의 특성과 요구를 반영하여 명확한 제시와 다양한 연습 방법을 마련했습니다.
  - 한국인의 언어생활, 언어 사용 환경의 변화를 발 빠르게 반영했습니다.
  - 친근하고 생동감 있는 삽화와 입체적이고 감각적인 디자인으로 학습의 재미를 더합니다.

▶ **한국어 학습에 최적화된 교수 학습 과정을 구현합니다.**

- 학습자가 자주 접하는 의사소통 과제를 선정했습니다. 과제 수행에 필요한 언어 항목을 학습한 후 과제 활동을 하도록 구성했습니다.
- 언어 항목으로 어휘, 문법과 함께 담화 표현을 새로 추가했습니다. 담화 표현은 고정적이고 정형화된 의사소통 표현을 말합니다. 덩어리로 제시하여 바로 사용하게 했습니다.
- 도입 – 제시 · 설명 – 형태적 연습 활동 – 유의적 연습 활동의 단계로 절차화했습니다.
- 획일적이고 일관된 방식을 탈피하여 언어 항목의 중요도와 난이도에 맞춰 제시하는 절차와 분량에 차이를 두었습니다.
- 발음과 문화 항목은 특정 단원의 의사소통 과제와 긴밀하게 연결되지는 않으나 해당 등급에서 반드시 다루어야 할 항목을 선정하여 단원 후반부에 배치했습니다.

<고려대 한국어>의 구성

▶ **3A와 3B는 각각 5단원으로 한 단원은 10시간 정도가 소요됩니다.**

▶ **한 단원의 구성은 아래와 같습니다.**

도입	배워요			한 번 더	이제 해 봐요				자기 평가
생각해 봐요 학습 목표	어휘	문법	담화 표현	연습해요	말해요	들어요	읽어요	써요	발음/문화

▶ **교재의 앞부분에는 '이 책의 특징'과 '단원 구성 표'를 배치했고, 교재의 뒷부분에는 '정답'과 '듣기 지문', '어휘 찾아보기', '문법 찾아보기'를 부록으로 넣었습니다.**

- 부록의 어휘는 단원별 어휘 모음과 모든 어휘를 가나다순으로 정렬한 두 가지 방식으로 제시했습니다.
- 부록의 문법은 문법의 의미와 화용적 특징, 형태 정보를 정리했고 문법의 쓰임을 확인할 수 있는 전형적인 예문을 넣었습니다. 학습자의 모어 번역도 들어가 있습니다.

▶ **모든 듣기는 MP3 파일 형태로 내려받아 들을 수 있습니다.**

<고려대 한국어 3A>의 목표

날씨의 변화, 새로운 생활, 나의 성향 등 개인적, 사회적 주제에 대해 이해하고 단락 단위로 표현할 수 있습니다. 동아리 가입, 여행 계획 세우기 등을 통해 사회적 관계를 맺거나 사회적 맥락에서의 의사소통 기능을 수행할 수 있습니다. 격식체와 비격식체의 차이를 알고 맥락에 따라 표현할 수 있습니다.

이 책의 특징

등장인물이 나오는 장면을 보면서 단원의 주제, 의사소통 기능 등을 확인합니다.

단원의 제목

어휘의 도입

• 목표 어휘가 사용되는 의사소통 상황입니다.

어휘의 제시

• 어휘 목록입니다. 맥락 속에서 어휘를 배웁니다.
• 그림, 어휘 사용 예문을 보며 어휘의 의미와 쓰임을 확인합니다.

새 단어

• 어휘장으로 묶이지 않은 개별 단어입니다.
• 문맥을 통해 새 단어의 의미를 확인합니다.

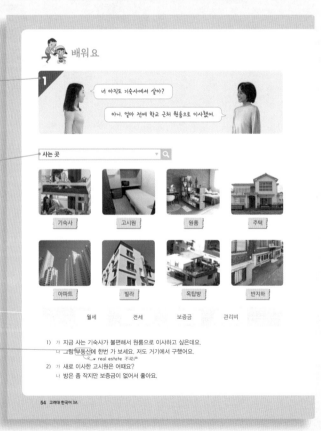

▶ 생각해 봐요

생각해 봐요

· 등장인물이 나누는 간단한 대화를 듣고 단원의 주제 및 의사소통 목표를 생각해 봅니다.

학습 목표

· 단원을 학습한 후에 수행할 수 있는 의사소통 목표입니다.

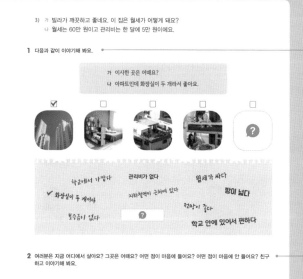

3) 가 빌라가 깨끗하고 좋네요. 이 집은 월세가 어떻게 돼요?
   나 월세는 60만 원이고 관리비는 한 달에 5만 원이에요.

1 다음과 같이 이야기해 봐요.

어휘의 연습 1

· 배운 어휘를 사용해 볼 수 있는 말하기 연습입니다.
· 연습의 방식은 그림, 사진, 문장 등으로 다양합니다.

2 여러분은 지금 어디에서 살아요? 그곳은 어때요? 어떤 점이 마음에 들어요? 어떤 점이 마음에 안 들어요? 친구하고 이야기해 봐요.

어휘의 연습 2

· 유의미한 의사소통 상황에서 배운 어휘를 사용하는 말하기 연습입니다.

이 책의 특징

문법의 도입

• 목표 문법이 사용되는 의사소통 상황입니다.

문법의 제시

• 목표 문법의 의미와 쓰임을 여러 예문을 통해 확인합니다.

• 목표 문법을 사용하기 위해 알아야 하는 기본 정보입니다.

랭기지 팁

• 알아 두면 유용한 표현입니다.

• 표현이 사용되는 상황과 예문을 보여 줍니다.

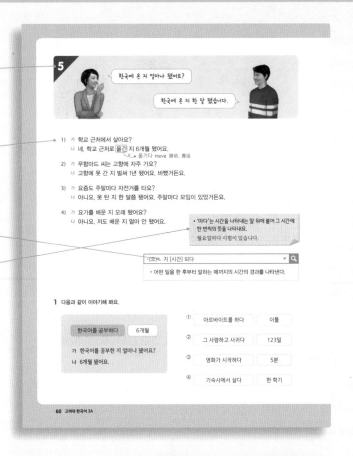

담화 표현의 제시

• 고정적이고 정형화된 의사소통 표현입니다.

담화 표현 연습

• 담화 표현을 덩어리째 익혀 대화하는 말하기 연습입니다.

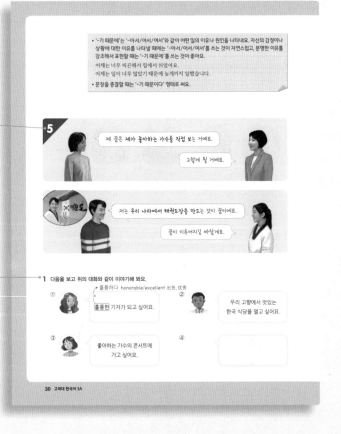

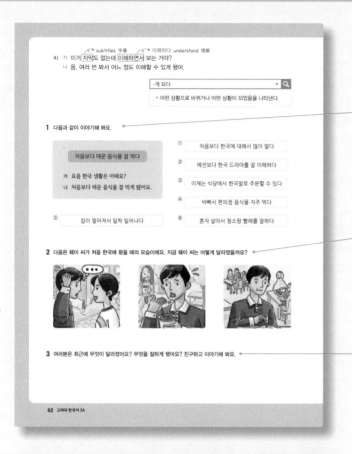

문법의 연습 1

- 배운 문법을 사용해 볼 수 있는 말하기 연습입니다.
- 연습의 방식은 그림, 사진, 문장 등으로 다양합니다.

문법의 연습 2

- 문법의 중요도와 난이도에 따라 연습 활동의 수와 분량에 차이가 있습니다.

문법의 연습 3

- 유의미한 의사소통 상황에서 배운 문법을 사용하는 말하기 연습입니다.

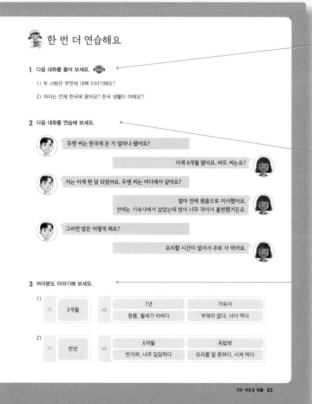

대화 듣기

- 의사소통 목표가 되는 자연스럽고 유의미한 대화를 듣고 대화의 목적, 대화의 내용을 파악합니다.

대화 연습하기

- 대화 연습을 통해 대화의 구성 방식을 익힙니다.

대화 구성 연습

- 학습자 스스로 대화를 구성하여 말해 보는 연습입니다.
- 어휘만 교체하는 단순 반복 연습이 되지 않도록 구성했습니다.

듣기 활동

- 단원의 주제와 기능이 구현된 의사소통 듣기 활동입니다.
- 중심 내용 파악과 세부 내용 파악 등 목적에 따라 두세 번 반복하여 듣습니다.

읽기 활동

- 단원의 주제와 기능이 구현된 의사소통 읽기 활동입니다.
- 중심 내용 파악과 세부 내용 파악 등 목적에 따라 두세 번 반복하여 읽습니다.

쓰기 활동

- 단원의 주제와 기능이 구현된 의사소통 쓰기 활동입니다.
- 쓰기 전에 써야 할 내용이나 방식에 대해 생각해 본 후 쓰기를 합니다.

이제 해 봐요

들어요

1 다음은 두 사람의 대화입니다. 잘 듣고 질문에 답해 보세요.

1) 남자는 한국에서 산 지 얼마나 됐어요?

2) 들은 내용과 같은 것을 고르세요.

① 남자는 주로 밥을 시켜 먹습니다.
② 여자는 미국에 있을 때도 남자를 알았습니다.
③ 남자는 한국어를 잘 못해서 불편한 게 많습니다.

읽어요

1 다음은 새로운 생활에 대해 쓴 글입니다. 잘 읽고 질문에 답해 보세요.

저는 이번 방학에 이사를 하려고 합니다. 한국에 온 지 일 년이 됐는데 벌써 세 번째 이사를 하게 되었습니다. 처음 한국에 왔을 때는 고시원에서 살았는데 방이 너무 작아서 답답했습니다. 얼마 전에 기숙사로 옮겼는데 방은 넓지만 음식을 해 먹을 수 없어서 불편했습니다. 그래서 이번 학기가 끝나면 학교 근처 원룸으로 이사를 가려고 합니다. 거기는 방도 크고  부엌이 있어서 요리도 할 수 있습니다. 집을 구할 때 동아리 친구가 도와줘서 싸고 넓은 집을 찾을 수 있었습니다. 새로 이사한 곳에서 건강하고 행복하게 지내고 싶습니다.

→ kitchen 厨房

1) 이 사람은 처음에 어디에서 살았어요? 지금은 어디에 살아요? 어디로 이사 가려고 해요? 그리고 그곳들은 어때요?

처음		지금		이사할 곳
	⇒		⇒	

써요

1 날씨와 관련된 특별한 경험을 써 보세요.

1) 다음에 대해 생각해 보세요.

● 어떤 날씨였어요?
눈, 비가 많이 온 날, 하루의 날씨 변화가 심한 날 등

● 그래서 무슨 일이 있었어요?
학교에 못 갔어요, 나무가 쓰러졌어요 등

● 그때 기분이 어땠어요?

2) 생각한 것을 바탕으로 글을 쓰세요.

2) 읽은 내용과 같으면 〇, 다르면 ×에 표시하세요.

① 이 사람은 1년 전에 한국에 왔습니다.　〇　×

② 이 사람은 지금 동아리 친구와 같이 살고 있습니다.　〇　×

🔊　**1** 새로운 생활에 대해 친구하고 이야기해 보세요.

말해요　1) 여러분의 요즘 생활은 어때요? 한국에 오기 전 또는 한국어를 공부하기 전과 달라진 것이 있어요?
아래 내용을 생각해 보세요.

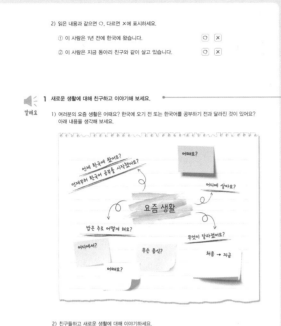

2) 친구들하고 새로운 생활에 대해 이야기하세요.

3과 새로운 생활 65

말하기 활동

• 단원의 주제와 기능이 구현된 의사소통 말하기 활동입니다.

• 말하기 전에 말할 내용이나 방식에 대해 생각해 본 후 말하기를 합니다.

발음　**ㅢ**

• 밑줄 친 부분의 발음에 주의하면서 다음을 들어 보십시오. 🔊

가 의사 선생님 지금 안에 계세요?
나 지금 회의 중이세요.
가 그럼 이것 좀 선생님께 전해 주시겠어요?
　감사의 마음을 담은 선물이에요.

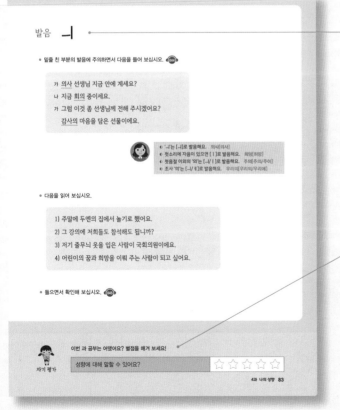

• 'ㅢ'는 [ㅢ]로 발음해요. 의사[의사]
• 첫소리에 자음이 있으면 [ㅣ]로 발음해요. 회의[회이]
• 첫음절 이외의 '의'는 [ㅢ/ㅣ]로 발음해요. 주례주의/주이]
• 조사 '의'는 [ㅢ/ㅔ]로 발음해요. 우리의[우리의/우리에]

• 다음을 읽어 보십시오.

1) 주말에 두엔의 집에서 놀기로 했어요.
2) 그 강의에 저희들도 참석해도 됩니까?
3) 저기 줄무늬 옷을 입은 사람이 국회의원이에요.
4) 어린이의 꿈과 희망을 이뤄 주는 사람이 되고 싶어요.

• 들으면서 확인해 보십시오. 🔊

자기 평가　이번 과 공부는 어땠어요? 별점을 매겨 보세요!
성향에 대해 말할 수 있어요?　☆☆☆☆☆

4과 나의 성향 83

발음 활동/문화 활동

• 중급에서 익혀야 할 발음 항목과 한국의 생활 문화를 이해할 수 있는 문화 항목입니다. 항목에 대한 이해를 바탕으로 유의미한 맥락에서 사용해 봅니다.

• 단원마다 발음 또는 문화 항목이 제시됩니다.

자기 평가

• 단원 앞부분에 제시되었던 학습 목표 달성 여부를 학습자 스스로 점검합니다.

단원 구성 표

단원	단원 제목	학습 목표	의사소통 활동
1과	첫 모임	격식을 갖춰 문의를 하고 모임에 가입할 수 있다.	• 동아리에 가입하는 대화 듣기 • 팬클럽 가입 인사 글 읽기 • 동아리나 모임 가입에 대해 묻고 답하기 • 가입 인사 쓰기
2과	날씨의 변화	날씨의 변화를 이야기할 수 있다.	• 날씨에 대한 대화 듣기 • 고향의 날씨에 대해 이야기하기 • 날씨의 변화와 관련된 경험에 대한 글 읽기 • 날씨와 관련된 경험 쓰기
3과	새로운 생활	새로운 생활에 대해 이야기할 수 있다.	• 새로운 생활에 대한 대화 듣기 • 새로운 생활에 대한 글 읽기 • 새로운 생활에 대해 이야기하기 • 새로운 생활에 대한 글쓰기
4과	나의 성향	성향에 대해 말할 수 있다.	• 성향 차이에 대한 대화 듣기 • 자기 성향에 대한 글 읽기 • 자신의 성향에 대해 이야기하기 • 자신의 성향에 대한 글쓰기
5과	여행 계획	여행 계획에 대해 이야기할 수 있다.	• 여행을 계획하는 대화 듣기 • 여행 계획에 대한 글 읽기 • 여행 계획 세우기 • 여행 계획 쓰기

	어휘 · 문법 · 담화 표현		발음/문화
• 가입 계기 • 가입 방법과 활동 • 회원의 신분 • 모임의 종류	• -(으)면서 • 격식체	• 격식을 갖춰 자기소개하기 • 꿈 말하기	안녕하십니까?
• 날씨 • 날씨와 자연	• -아지다/어지다/여지다 • -(으)ㄹ 것 같다 • -(으)ㄹ까요?		봄 · 여름 · 가을 · 겨울
• 사는 곳 • 식사 방법 • 음식 재료와 음식	• -거든요 • -(으)ㄴ 지 되다 • -게 되다	• 식사 방법에 대해 묻고 답하기	소리 내어 읽기 1
• 성격과 성향 • 걱정/고민 • 조언	• -(으)ㄴ/는 편이다 • 반말(-자) • 반말(-아/어/여) • -(으)려면	• 걱정과 조언 말하기	/ㅢ/의 발음
• 여행 종류 • 여행 준비 • 여행지의 특징	• (이)나 • -거나 • -기로 하다 • -아도/어도/여도	• 여행지의 특징에 대해 이야기하기	서울 근교 관광 5선

차례

부록

왕 웨이

나라 중국
나이 19세
직업 학생
 　　(고려대학교 한국어센터)
취미 피아노

응우옌 티 두엔

나라 베트남
나이 19세
직업 학생
 　　(고려대학교 한국어센터)
취미 드라마

바트 엥흐바야르

나라 몽골
나이 21세
직업 학생
 　　(고려대학교 한국어센터)
취미 운동

모리야마 나쓰미

나라 일본
나이 35세
직업 학생/약사
취미 그림

다니엘 클라인

나라 독일
나이 29세
직업 회사원/학생
취미 여행

줄리 로랑

나라 프랑스
나이 23세
직업 학생
 　　(고려대학교 한국어센터)
취미 인터넷 방송

무함마드 알 감디

나라 이집트
나이 32세
직업 요리사/학생
취미 태권도

김지아

나라 한국
나이 22세
직업 학생
　　　(고려대학교 경제학과)
취미 영화

서하준

나라 한국
나이 22세
직업 학생
　　　(고려대학교 국어국문학과)
취미 농구

최슬기

나라 한국
나이 22세
직업 학생
　　　(고려대학교 건축학과)
취미 여행, 운동

정세진

나라 한국
나이 33세
직업 한국어 선생님
취미 요가

강용재

나라 한국
나이 31세
직업 회사원
취미 캠핑

생각해 봐요　🎧011

1 이 사람들은 지금 무엇을 해요?

2 여러분은 여러 사람 앞에서 자기소개를 할 수 있어요?

학습 목표

격식을 갖춰 문의를 하고 모임에 가입할 수 있다.

● 가입 계기, 가입 방법과 활동, 회원의 신분, 모임의 종류

● -으면서, 격식체

● 격식을 갖춰 자기소개하기, 꿈 말하기

1

첫 모임

배워요

자기소개 좀 해 주시겠어요?

안녕하세요?
저는 몽골에서 온 **바트 엥흐바야르**라고 합니다.

자기소개 부탁드려요.

안녕하세요?
저는 한국어센터에 다니고 있는 **두엔**이라고 합니다.

1 여러분도 친구들 앞에서 자기소개를 해 봐요.

2

우리 동아리는 어떻게 알았어요?

친구가 소개해 줘서 알게 되었어요.

가입 계기	▾

관심이/흥미가 있다   관심이/흥미가 생기다

친구가 소개해 줘서

선생님한테 듣고

알게 되다

인터넷/게시판을 보고

우연히

1) 가 이 모임은 어떻게 알게 되었어요?
   나 선배가 소개해 줘서 알게 됐어요.

2) 가 언제부터 한국 미술에 관심이 있었어요?
      ↳ art 美术
   나 작년에 한국 미술 전시회를 봤는데 그때부터 관심이 생겼어요.
      ↳ exhibition 展览, 展示会

1 다음과 같이 이야기해 봐요.

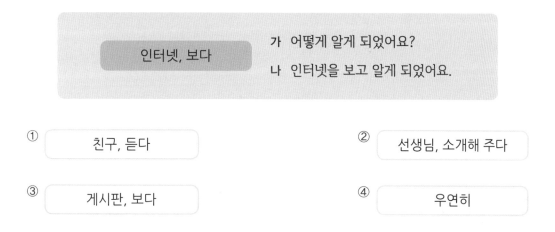

인터넷, 보다

가 어떻게 알게 되었어요?
나 인터넷을 보고 알게 되었어요.

① 친구, 듣다

② 선생님, 소개해 주다

③ 게시판, 보다

④ 우연히

2 여러분은 한국, 한국어에 대해 언제부터 관심이 생겼어요? 그리고 한국어 교육 기관은 어떻게 알게 되었어요? 친구하고 이야기해 봐요.

모임에 가입하다

신청서를 작성하다

서류를 제출하다

회비를 내다

자기소개를 하다

모임에 참석하다

활동에 참여하다

열심히 활동을 하다

1) 가 이 동아리에 가입하고 싶은데 어떻게 해야 해요?
　 나 먼저 이 신청서를 작성한 후 제출하면 돼요.

2) 가 모임이 주중에 있는데 참석할 수 있으세요?
　 나 네. 주로 주말에만 바쁘고 주중에는 시간이 많아요.
　　　↳ weekdays 周中

> • '-아야 하다'는 어떤 일을 할 필요가 있거나 어떤 상태일 필요가 있음을 나타내요.
> 오늘까지 이 일을 다해야 돼요.

3 다음과 같이 이야기해 봐요.

가 이제 뭐 해야 돼요?
나 자기소개를 하면 돼요.

①

②

③

④

4 여러분은 동아리나 모임에 가입한 적이 있어요? 어떤 동아리이고 어떻게 가입했어요? 활동은 열심히 했어요?
친구하고 이야기해 봐요.

회원의 신분 ▼ 🔍

회원　　　　　신입 회원　　　　　회장　　　　　부회장　　　　　총무

모임의 종류 ▼ 🔍

환영회　　　　　환송회　　　　　　　　　뒤풀이　　　　　회식

1) 가 저는 이 동아리 회장 최슬기예요.
　　 나 네, 회장님. 앞으로 열심히 활동할게요.

2) 가 회비는 누구한테 내면 돼요?
　　 나 저 사람이 우리 모임 총무예요. 저 사람한테 내세요.

3) 가 다음 주에 회식을 하려고 하는데 좋은 장소 알면 추천해 주세요.
　　 나 요 앞에 새로 생긴 식당은 어때요?
　　　　　　　　　　　　　　　　　→ 추천하다 recommend 推荐

5 우리 반도 환영회를 해 봐요. 환영회 준비를 위해 회장, 부회장, 총무를 정해 봐요.

3

수업을 많이 들으면서 동아리 활동도 할 수 있겠어요?

네, 잘할 수 있어요.

1) 가 번역도 하면서 팬클럽 활동도 하는 거예요?
   나 네. 두 가지 모두 너무 좋아하는 일이에요.

   → fan club 粉丝俱乐部

2) 가 뭘 보는데 그렇게 웃으면서 봐요?
   나 제가 좋아하는 가수 동영상요. 같이 볼래요?

   video 视频 ←   ↱ 자연스럽다 natural 自然

3) 가 한국어가 정말 자연스러워요. 어떻게 공부했어요?
   나 그냥 좋아하는 드라마 보면서 배웠어요.

4) 가 선배님, 좀 물어보고 싶은 게 있는데요.
   나 그래? 그럼 같이 점심 먹으면서 이야기할까?

-(으)면서 ▾ 🔍
• 두 가지 이상의 동작이나 상태 등이 동시에 나타남을 의미한다.

1 다음과 같이 이야기해 봐요.

| 회사에 다니다,
한국어 공부를 하다 | 가 두 가지를 같이 할 거예요?
나 네. 회사에 다니면서 한국어 공부도 할 거예요. |

improve one's ability/proficiency 提高水平 ←

① 아르바이트를 하다, 동아리 활동을 하다

② 한국 문화를 배우다, 한국어 실력을 늘리다

③ 음악을 듣다, 숙제하다

④ 아이하고 놀다, 음식을 만들다

⑤ 춤추다, 노래를 하다

⑥ 밥을 먹다, 게임을 하다

2 무엇을 하면서 다음 행동을 해요? 다음과 같이 친구하고 이야기해 봐요.

> 휴대폰을 보다
>
> 가 저는 밥을 먹으면서 휴대폰을 봐요.
> 나 저는 길을 걸으면서 휴대폰을 봐요.
> 다 …

음악을 듣다   한국어를 공부하다

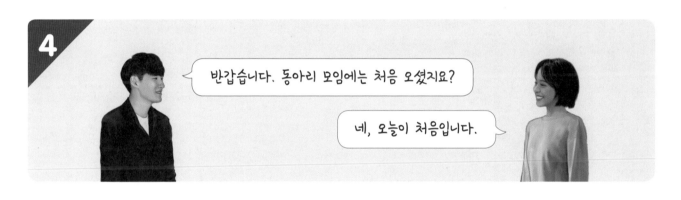

반갑습니다. 동아리 모임에는 처음 오셨지요?

네, 오늘이 처음입니다.

1) 가 모임은 언제 언제 있습니까?
   나 매주 수요일 오후에 모임이 있습니다.

> 매주 every week 每周
> 매일 every day 每天
> 매달 every month 每月
> 매년 every year 每年

2) 가 회원은 모두 몇 명 정도 됩니까?
   나 좀 많습니다. 회비를 내고 있는 회원이 백 명 정도 됩니다.

> about/approximately 左右

3) 가 이번 모임은 밖에서 하려고 하는데 어떻습니까?
   나 좋은 생각이네요. 그렇게 합시다.

4) 가 회원증은 어떻게 만듭니까?
   나 여기 신청서를 작성해 주시면 바로 만들어 드립니다.

> membership card 会员证

- 격식적인 상황에서 예의를 갖춰 말하거나 쓸 때 사용한다.
- 현재   '-습니다/ㅂ니다'
             '-습니까/ㅂ니까'
             '-(으)십시오'
             '-(으)ㅂ시다'
- '-(으)ㅂ시다'는 윗사람에게는 사용하지 않는 것이 좋다.

1 다음과 같이 이야기해 봐요.

모임 후에 뒤풀이가 있어요?

네, 있어요.

가 모임 후에 뒤풀이가 있습니까?
나 네, 있습니다.

① 회비가 얼마예요?

좀 비싸요.

② 외국인도 가입할 수 있어요?

네, 가능해요.

③ 주말에 보통 무엇을 해요?

집에서 쉬어요.

④ 지금 어디에서 살고 있어요?

회사 근처에서 살아요.

⑤ 동아리방이 여기에서 많이 멀어?

아니, 가까워.

⑥ 한국 생활이 어때요?

매일 매일이 즐거워요.

⑦ 어떤 음악을 좋아해요?

K-POP을 자주 들어요.

⑧ 성함이 어떻게 되세요?

강용재라고 해요.

⑨ 휴가가 언제예요?

다음 주 월요일부터예요.

⑩ 늦었어요. 빨리 가요.

잠깐만 기다려 주세요.

2 친구하고 이름, 직업, 사는 곳, 취미, 좋아하는 것 등에 대해 격식을 갖춰 질문하고 대답해 봐요.

5) 가 지난주 모임에는 왜 안 오셨어요?
    나 지난주에 일이 많고 좀 바빴습니다.

6) 가 어떻게 오셨습니까?
    나 가입 방법에 대해 물어볼 게 있어서 왔는데요.

> • '에 대해'는 명사에 붙어 그 명사가 대상이나 상대임을 나타내요. '에 대해서, 에 대하여' 형태로도 써요.

7) 가 전에는 무슨 일을 하셨습니까?
    나 기자였습니다. 방송국에서 일했습니다.

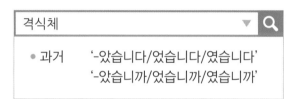

격식체 ▼ 🔍
• 과거   '-았습니다/었습니다/였습니다'   '-았습니까/었습니까/였습니까'

3 다음과 같이 이야기해 봐요.

> 동아리에 언제 가입했어요?
>
> 두 달 전에 가입했어요.

가 동아리에 언제 가입했습니까?
나 두 달 전에 가입했습니다.

① 지난주 모임에 참석했어요?
    바빠서 못 갔어요.

② 태권도 배우는 것은 어때?
    처음에는 좀 어려웠어.

③ 작년에 어디에서 살았어요?
    작년에 고향에 있었어요.

④ 이거 누가 만들었어요?
    저 사람한테 물어보세요.

⑤ 그 이야기를 어디에서 들었어요?

회사 선배한테 들었어요.

⑥ 여행 갔을 때 날씨가 어땠어요?

바람이 불어서 조금 추웠어요.

⑦ 어제 발표는 잘했어?

응, 덕분에 잘 끝냈어.

⑧ 한국에 오기 전에 무슨 일을 했어요?

승무원이었어요.

4 고향에 있을 때 무슨 일을 했어요? 그때 생활은 어땠어요? 격식을 갖춰 친구하고 이야기해 봐요.

8) 가 이제 뒤풀이하러 갑시다.
   나 먼저 가십시오. 저는 이것 좀 정리하고 가겠습니다. → 정리하다 organize 整理

9) 가 강용재 씨, 어제 제가 말한 일은 다했습니까?
   나 아직 못 했습니다. 곧 끝내겠습니다.
      → 끝내다 finish 結束

10) 가 졸업한 후에 무엇을 하려고 합니까?
    나 한국에 남아서 계속 공부를 할 겁니다.

격식체	▼ Q
• 예정이나 계획, 추측	'-겠습니다', '-(으)ㄹ 것입니다'
	'-겠습니까', '-(으)ㄹ 것입니까'

5 다음과 같이 이야기해 봐요.

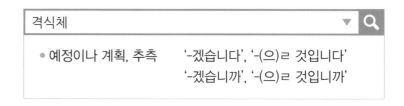

다음 모임은 언제 할 거예요?

한 달 뒤에 하려고 해요.

가 다음 모임은 언제 할 것입니까?

나 한 달 뒤에 하려고 합니다.

① 환송회 장소가 어디예요?

문자로 알려 드릴게요.

② 다음 주 환영회에 오실 거예요?

네, 꼭 갈 거예요.

③ 내일 날씨를 알아요?

내일도 추울 거예요.

④ 누가 말할 거예요?

제가 말할게요.

6 다음에 대해 격식을 갖춰 친구하고 이야기해 봐요.

가입하고 싶은 동아리

이번 학기에 할 일

- '하고', '한테', '안', '못' 등은 격식적이거나 공식적인 말하기 상황이나 설명문 같은 글에서 '와/과', '에게', '-지 않다', '-지 못하다'로 사용해요.

하고
주말에는 보통 친구하고 놀아요.
빵하고 우유를 샀어요.

와/과
저녁에는 가족과 시간을 보냅니다.
신청서와 회비를 내면 됩니다.

한테
모르는 것은 저한테 물어보세요.

에게
궁금한 것은 총무에게 물어보십시오.

안
오늘은 별로 안 추워요.

-지 않다
오늘은 별로 춥지 않습니다.

못
전화번호를 몰라서 연락 못 했어요.

-지 못하다
연락처가 없어서 연락드리지 못했습니다.

- '-기 때문에'는 '-아서/어서/여서'와 같이 어떤 일의 이유나 원인을 나타내요. 자신의 감정이나 상황에 대한 이유를 나타낼 때에는 '-아서/어서/여서'를 쓰는 것이 자연스럽고, 분명한 이유를 강조해서 표현할 때는 '-기 때문에'를 쓰는 것이 좋아요.

  어제는 너무 피곤해서 집에서 쉬었어요.

  어제는 일이 너무 많았기 때문에 늦게까지 일했습니다.

- 문장을 종결할 때는 '-기 때문이다' 형태로 써요.

5

 제 꿈은 제가 좋아하는 가수를 직접 보는 거예요.

그렇게 될 거예요.

 저는 우리 나라에서 태권도장을 만드는 것이 꿈이에요.

꿈이 이루어지길 바랄게요.

1 다음을 보고 위의 대화와 같이 이야기해 봐요.

훌륭하다 honorable/excellent 出色, 优秀

①   훌륭한 기자가 되고 싶어요.

② 우리 고향에서 멋있는 한국 식당을 열고 싶어요.

③ 좋아하는 가수의 콘서트에 가고 싶어요.

④

한 번 더 연습해요

1 다음 대화를 들어 보세요. (012)

1) 남자는 지금 무엇을 해요?

2) 남자는 어떤 사람이에요?

2 다음 대화를 연습해 보세요.

 자기소개 좀 부탁드립니다.

안녕하십니까?
저는 몽골에서 온 바트 엥흐바야르입니다.
어릴 때부터 운동을 좋아해서 태권도에도 관심이 있었습니다.
앞으로 열심히 활동하겠습니다.

 네, 열심히 활동하기를 바랄게요.

3 여러분도 이야기해 보세요.

1)
| 나 | 엘리 | 요리가 취미이다 | 한국 음식, 관심이 있다 |

2)
| 나 | 하리자 | 가수 제이를 좋아하다 | 인터넷, 팬클럽, 알게 되다 |

3)
| 나 | 벤자민 | 미국에서 오다 | 전부터, 게임, 좋아하다 | 친구, 동아리, 알게 되다 |

이제 해 봐요

1 다음은 동아리 가입에 대한 대화입니다. 잘 듣고 질문에 답해 보세요.

1) 들은 내용과 같으면 ○, 다르면 ✗에 표시하세요.

① 여자는 이 동아리의 회장입니다.   ○ ✗

② 남자는 홈페이지를 보고 이 동아리를 알게 됐습니다.   ○ ✗

2) 대화를 한 후 남자가 해야 할 행동으로 알맞은 것을 고르세요.

①    ②    ③    ④

 1 다음은 팬클럽에 처음 가입한 사람의 글입니다. 잘 읽고 질문에 답해 보세요.

[가입인사] 안녕하세요. 팬클럽에는 처음 가입합니다. | 가입인사 게시판   20××.02.15

 제이찡(J-JJ★★★★★)   블로그 가기

안녕하세요? 새로 가입한 신입 회원 이소라입니다. 고등학생 때부터 가수 제이를 알았습니다. 그런데 그때는 이렇게 좋아한 것은 아니었습니다. 지난달에 TV에서 제이가 피아노를 치면서 노래를 부르는 것을 보고 흥미가 생겼습니다. 목소리가 너무 좋고 노래를 정말 잘했기 때문입니다. 그래서 이렇게 팬클럽에도 가입했습니다. 아직 제이의 콘서트에 못 가 봤는데 콘서트에 가서 제이의 노래를 듣는 것이 제 꿈입니다. 앞으로 열심히 활동하겠습니다. 잘 부탁드립니다.

인쇄하기 | 담아가기

댓글 1

 천사제이(ange★★★★)   20××.02.16
제이의 세계에 어서 오세요! 제이는 사랑입니다!!

1) 가입 계기가 나타난 부분을 찾으세요.

2) 읽은 내용과 같은 것을 고르세요.

① 이 사람은 팬클럽 활동을 고등학생 때 시작했습니다.

② 이 사람은 아직 가수 제이의 콘서트에 못 가 봤습니다.

③ 이 사람은 지난달에 가수 제이에 대해 알게 되었습니다.

말해요

1 동아리나 모임에 관심이 있어요? 가입 방법과 활동에 대해 이야기해 보세요.

A 관심 있는 동아리에 대해 알아보세요.

1) 어떤 동아리에 관심이 있어요? 아래 중에 하나를 선택하세요.

> 태권도 동아리   K-POP 댄스 동아리

2) 선택한 동아리에 대해 문의를 한다면 무엇을 물어볼 거예요? 생각해 보세요.

3) 선택한 동아리에 대해 알고 싶은 것을 물어보세요.

B 동아리 가입 방법에 대해 설명해 주세요.

1 여러분도 동아리 가입 인사 글을 써 보세요.

써요

1) 가입 인사에 무엇을 쓸지 생각해 보세요.

2) 생각한 내용으로 가입 인사를 쓰세요.

문화 안녕하십니까?

● 공식적인 자리에서 격식을 갖춰 인사하는 표현을 알아봅시다.

안녕하십니까?
만나서 반갑습니다.

안녕히 가십시오.

안녕하십니까?
잘 부탁드립니다.

안녕히 계십시오.

● 다음 표현은 언제 하는 인사일까요? 생각해 봅시다.

고맙습니다.
감사합니다.

환영합니다.
어서 오십시오.

미안합니다.
죄송합니다.

수고하셨습니다.

축하드립니다.

잘 먹겠습니다.

새해 복 많이 받으세요.

즐거운 연휴/명절 보내세요.

● 여러분 나라에서는 어떤 인사말을 합니까?

이번 과 공부는 어땠어요? 별점을 매겨 보세요!

자기 평가

격식을 갖춰 문의를 하고 모임에 가입할 수 있어요?   ☆☆☆☆☆

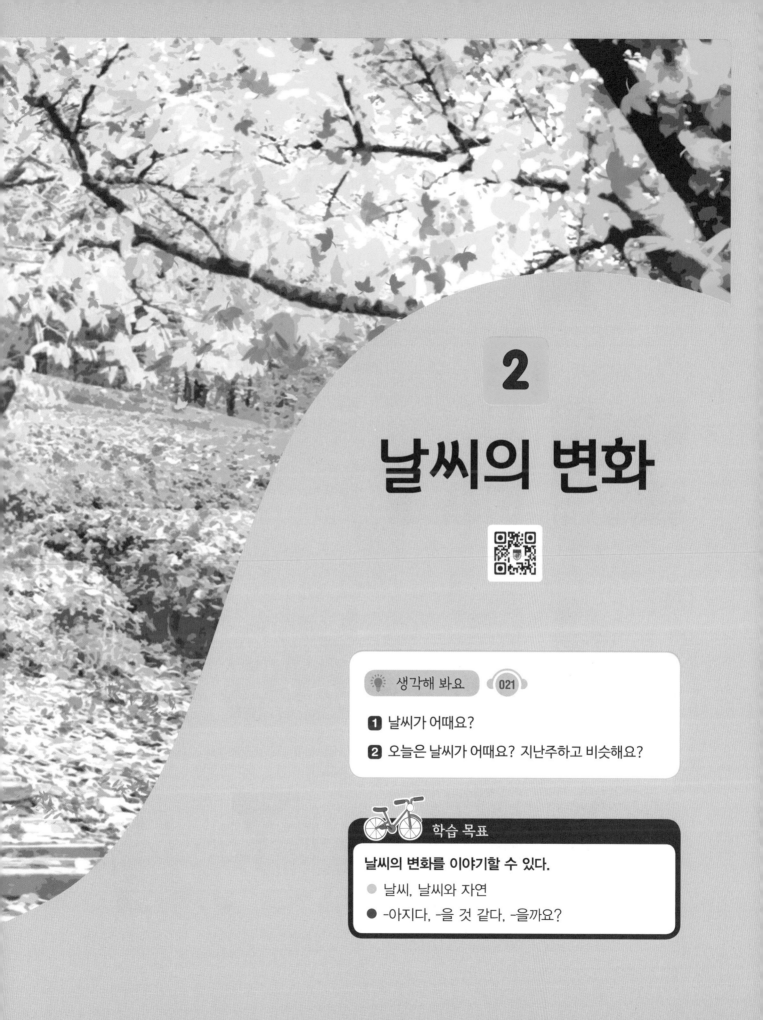

2

날씨의 변화

🔅 생각해 봐요   🎧 021

1 날씨가 어때요?

2 오늘은 날씨가 어때요? 지난주하고 비슷해요?

학습 목표

날씨의 변화를 이야기할 수 있다.

● 날씨, 날씨와 자연

● -아지다, -을 것 같다, -을까요?

배워요

1

비가 그쳤어요?

아니요, 계속 내려요.

날씨 🔍

구름이 끼다

소나기가 내리다

천둥이 치다 | 번개가 치다

비가 그치다

화창하다

태풍이 불다

안개가 끼다

건조하다 | 습도가 낮다

습하다 | 습도가 높다

땀
후텁지근하다

쌀쌀하다

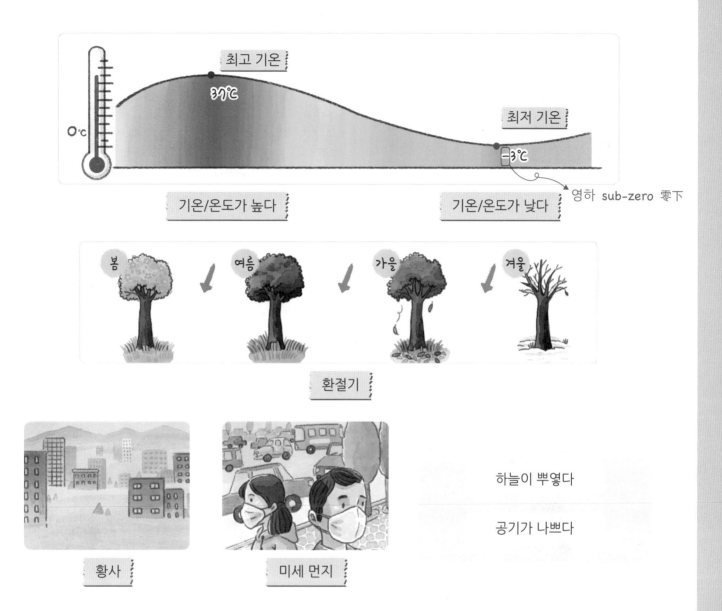

최고 기온
37℃

최저 기온
-3℃

영하 sub-zero 零下

기온/온도가 높다

기온/온도가 낮다

봄 여름 가을 겨울

환절기

하늘이 뿌옇다

공기가 나쁘다

황사

미세 먼지

1) 가 안개가 많이 꼈네요.
     나 그러네요. 앞이 잘 안 보여요.

→ 보이다 come into view 看到

2) 가 미세 먼지가 심하네요.
     나 이런 날은 마스크를 쓰세요.

→ day 天气

3) 가 너 감기 걸렸어?
     나 아니. 알레르기야. 요즘 환절기라서 콧물도 나고 기침도 자주 해.

• '라서'는 '이다', '아니다' 뒤에 붙어 이유를 나타내요.
  내일은 토요일이라서 학교에 안 가요.
  저는 이 학교의 학생이 아니라서 도서관에 못 들어가요.

1 다음과 같이 이야기해 봐요.

가 밖에 날씨가 어때요?

나 번개가 치고 비가 많이 와요.

① ② ③ ④ ⑤ ⑥

2 오늘 날씨가 어때요? 지난주는 날씨가 어땠어요? 한국의 날씨, 고향의 날씨를 이야기해 봐요.

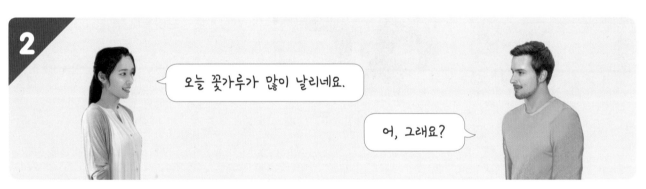

2

오늘 꽃가루가 많이 날리네요.

어, 그래요?

날씨와 자연 ▼ 🔍

꽃가루가 날리다   낙엽이 떨어지다   눈이 쌓이다   길이 미끄럽다

| 해 | 해가 뜨다 | 해가 지다 | 달 | 별 | 구름 | 무지개 |
| 길 | 돌 | 나무 | 꽃 | 풀 | 하늘 | 땅 |

1) 가 눈이 많이 와서 신발이 다 젖었어요. ⟶ 젖다 wet 浸湿
   나 그러면 길도 많이 미끄럽겠어요.

2) 가 1월 1일에 해 뜨는 거 보러 갈래요?
   나 어디 유명한 곳이 있어요?
   ⟶ 유명하다 famous 有名

1 다음 사진을 보고 날씨와 자연의 모습에 대해 친구하고 이야기해 봐요.

2 오늘 날씨는 어때요? 교실 밖의 모습은 어때요? 이야기해 봐요.

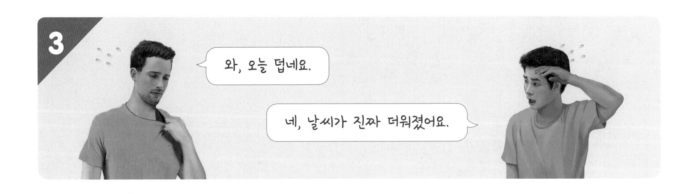

1) 가 날씨가 점점 추워지네요. 첫눈은 언제 와요?
   나 11월 말쯤에는 첫눈이 내릴 거예요.
      └─▶ around 左右

2) 가 오늘 날씨는 어때요? 좀 시원해졌어요?

   나 아니요, 어제보다 더 더워요.

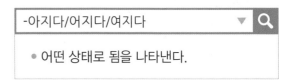

• '보다'는 앞말이 비교의 대상임을 나타내요.

가 수미 씨 동생도 키가 커요?

나 네, 저보다 제 동생이 더 커요.

3) 가 무함마드 씨는 요즘도 학교에 늦게 와요?

   나 아니요, 일찍 와요. 3급이 되고 나서 많이 달라졌어요.

4) 가 외국 생활이 처음이라서 힘들어요.　　　　→ 익숙하다 familiar 熟悉

   나 저도 처음엔 그랬어요. 곧 익숙해질 거예요.

┌───┐
│ -아지다/어지다/여지다　　　　　　　　　▼　🔍 │
├───┤
│ ● 어떤 상태로 됨을 나타낸다.   │
└───┘

1 다음과 같이 이야기해 봐요.

| 이번 주 | 가 이번 주는 날씨가 어때요? |
| 지난주보다 따뜻하다 | 나 지난주보다 따뜻해졌어요. |

① 이번 주 ─ 지난주보다 춥다　　　② 이번 달 ─ 지난달보다 쌀쌀하다

③ 요즘 ─ 지난주보다 시원하다　　　④ 요즘 ─ 점점 덥다

⑤ 오늘 ─ 비가 그치고 맑다　　　　⑥ 지금 ─ 오전보다 후텁지근하다

2 한국에 처음 왔을 때 날씨가 어땠어요? 지난달은 날씨가 어땠어요? 요즘 날씨는 어때요? 어떻게 달라졌어요?

3 다른 사람이 이사 왔어요. 방이 어떻게 달라졌어요? 그림을 보고 이야기해 봐요.

쓰레기

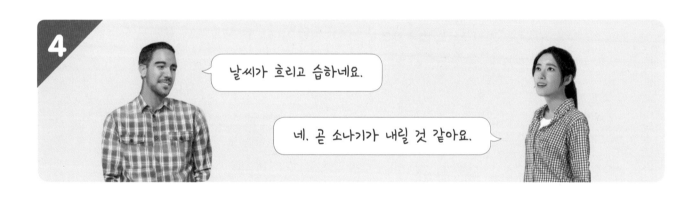

날씨가 흐리고 습하네요.

네. 곧 소나기가 내릴 것 같아요.

1) 가 오늘은 하늘에 별이 잘 보이네요.
    나 네. 내일은 날씨가 맑을 것 같아요.

2) 가 눈이 아직도 내려요?
    나 네. 눈이 많이 쌓일 것 같아요. 집에 빨리 가는 게 좋겠어요.

3) 가 이 옷이 저한테 잘 어울릴 것 같아요?
    나 그것도 좋은데 저게 더 잘 어울릴 것 같아요.

4) 가 우리 저 영화 볼래?
　　나 싫어. 너무 무서울 것 같아.

> -(으)ㄹ 것 같다　　　　　　　　▼ 🔍
>
> ● 어떤 사실이나 상태에 대한 추측을 나타낸다. 구체적인 근거 없이 주관적으로 추측할 때 주로 사용한다.
> ● 자신의 의견을 겸손하고 부드럽게 이야기할 때도 사용한다.

1 다음과 같이 이야기해 봐요.

> | 비가 오다 | 가 비가 올 것 같아요? |
> |---|---|
> | 오후에 소나기가 오다 | 나 네, 오후에 소나기가 올 것 같아요. |

① 오늘도 덥다
　　어제보다 후텁지근하다

② 내일도 날씨가 춥다
　　바람이 불다, 쌀쌀하다

③ 내일은 날씨가 좋다
　　비가 그치다, 화창해지다

④ 오늘 미세 먼지가 심하다
　　집에 있는 것이 좋다

5

이번 주말에 날씨가 좋을까요? 산에 가려고 하는데⋯.

네, 화창할 거예요.

1) 가 밖에 추울까?
　　나 추울 것 같아. 따뜻하게 입어.

> ● '-게'는 형용사에 붙어 뒤에 오는 동사를 꾸며 줘요.
> 　글씨를 크게 써 주세요.

2) 가 올해 크리스마스에 눈이 올까요?
　 나 눈이 오면 정말 좋을 것 같아요.

3) 가 나 오늘부터 매일 운동할 거야.
　 나 글쎄, 잘할 수 있을까?

-(으)ㄹ까요? ▼ 🔍
● 어떤 일에 대해 묻거나 추측할 때 사용한다.

1 다음과 같이 이야기해 봐요.

부산, 따뜻하다

가 부산은 따뜻할까요?
나 따뜻할 것 같아요.

① 거기, 춥다

② 내일, 후텁지근하다

③ 이 떡볶이, 많이 맵다

④ 수지 씨, 노래를 잘 부르다

⑤ 이 책, 재미있다

2 다음에 대해 친구하고 이야기해 봐요.

내일 날씨　　　　　친구가 좋아하는 것

한 번 더 연습해요

1 다음 대화를 들어 보세요.

　1) 두 사람은 무엇에 대해 이야기해요?

　2) 요즘 날씨가 어때요?

2 다음 대화를 연습해 보세요.

 날씨가 따뜻하네요.

네, 어제보다 따뜻해졌어요.

 내일도 이렇게 따뜻할까요?

네, 따뜻할 것 같아요.

3 여러분도 이야기해 보세요.

1)

| 가 | 미세 먼지가 심하다 | 나 | 공기가 나쁘다 / 내일은 더 나쁘다 |

2)

| 가 | 날씨가 춥다 | 나 | 어제보다 많이 춥다 / 옷을 따뜻하게 입어야 하다 |

3)

| 가 | 후텁지근하다 | 나 | 습도가 높다 / 그렇다 |

이제 해 봐요

 들어요

1 다음은 두 사람이 날씨에 대해 이야기하는 대화입니다. 잘 듣고 질문에 답해 보세요.

1) 오늘 날씨는 어때요? 맞는 것을 고르세요.

① 　② 　③ 　④

2) 들은 내용과 같으면 ○, 다르면 ✕에 표시하세요.

① 남자는 어제 잠을 잘 잤습니다.　　　○　✕

② 지금은 태풍이 자주 오는 계절입니다.　○　✕

 말해요

1 여러분의 고향은 날씨가 어때요? 고향의 날씨에 대해 이야기해 보세요.

1) 다음에 대해 할 수 있는 질문을 만드세요.

비	
눈	
기온	
습도	

2) 우리 고향에 대해 생각하고 위의 질문에 대한 대답을 생각해 보세요.

3) 위의 내용에 대해 친구하고 이야기하세요.

4) 위의 항목 중 2~3개를 묶어서 고향의 1년 동안 날씨 변화에 대해 소개하세요.

읽어요

1 다음은 날씨의 변화에 대해 쓴 글입니다. 잘 읽고 질문에 답해 보세요.

저는 산에 가는 것을 좋아합니다. 한국에서도 여러 산에 가 봤습니다. 지난 휴가 때 친구하고 같이 한국에서 가장 높은 산에 갔습니다. 새벽 5시에 산 입구에서 등산을 시작했습니다. 아직 해가 뜨기 전이었고 안개도 껴서 앞이 잘 안 보였습니다. 전날 비가 와서 땅도 젖어 있었습니다.

"오늘 등산은 좀 힘들 것 같은데……." 친구가 걱정을 했습니다.

우리는 말없이 한 걸음 한 걸음 걸었습니다. 한 시간쯤 올라갔을 때 해가 떴습니다. 아름다운 경치가 보이기 시작했습니다. 산 정상에 도착했을 때 날씨가 아주 화창해졌습니다. 구름도 없고 시원한 바람이 불어서 아주 상쾌했습니다. 상쾌하다 refreshing 舒畅

1) 날씨가 어땠어요? 쓰세요.

산 입구	산 정상 top 山顶, 顶峰

2) 읽은 내용과 같으면 ○, 다르면 ✕에 표시하세요.

① 이 사람은 한국에서 여러 번 등산을 했습니다.   ○   ✕

② 이 사람은 산 정상에서 해가 뜨는 것을 봤습니다.   ○   ✕

1 날씨와 관련된 특별한 경험을 써 보세요.

써요

1) 다음에 대해 생각해 보세요.

- 어떤 날씨였어요?
  눈, 비가 많이 온 날, 하루의 날씨 변화가 심한 날 등

- 그래서 무슨 일이 있었어요?
  학교에 못 갔어요, 나무가 쓰러졌어요 등

- 그때 기분이 어땠어요?

2) 생각한 것을 바탕으로 글을 쓰세요.

문화 봄·여름·가을·겨울

● 한국의 봄 · 여름 · 가을 · 겨울을 대표하는 자연과 음식을 알아봅시다.

| 냉면 | 눈사람 | 떡국 | 벚꽃 | 붕어빵 | 송편 |
| 수박 | 유채꽃 | 은행나무 | 코스모스 | 파란 하늘 | 팥빙수 |

● 여러분 나라의 각 계절의 모습은 어떻습니까?

자기 평가

이번 과 공부는 어땠어요? 별점을 매겨 보세요!

| 날씨의 변화를 이야기할 수 있어요? | ☆ ☆ ☆ ☆ ☆ |

3

새로운 생활

031

💡 생각해 봐요

1 웨이 씨의 요즘 생활은 어때요?

2 여러분은 요즘 어떻게 지내요?

🚲 학습 목표

새로운 생활에 대해 이야기할 수 있다.

● 사는 곳, 식사 방법, 음식 재료와 음식

● -거든요, -은 지 되다, -게 되다

● 식사 방법에 대해 묻고 답하기

배워요

1

너 아직도 기숙사에서 살아?

아니. 얼마 전에 학교 근처 원룸으로 이사했어.

사는 곳 ▼ 🔍

기숙사

고시원

원룸

주택

아파트

빌라

옥탑방

반지하

월세   전세   보증금   관리비

1) 가 지금 사는 기숙사가 불편해서 원룸으로 이사하고 싶은데요.
   나 그럼 부동산에 한번 가 보세요. 저도 거기에서 구했어요.
       ↳ real estate 不动产

2) 가 새로 이사한 고시원은 어때요?
   나 방은 좀 작지만 보증금이 없어서 좋아요.

3) 가 빌라가 깨끗하고 좋네요. 이 집은 월세가 어떻게 돼요?
   나 월세는 60만 원이고 관리비는 한 달에 5만 원이에요.

1 다음과 같이 이야기해 봐요.

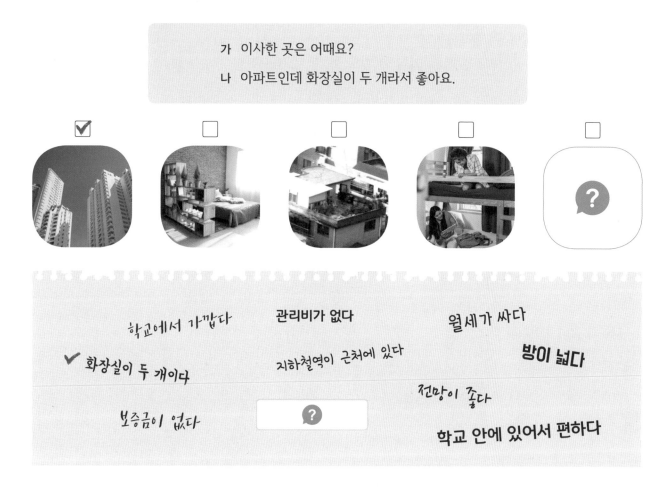

가 이사한 곳은 어때요?

나 아파트인데 화장실이 두 개라서 좋아요.

학교에서 가깝다

관리비가 없다

월세가 싸다

✓ 화장실이 두 개이다

지하철역이 근처에 있다

방이 넓다

보증금이 없다

?

전망이 좋다

학교 안에 있어서 편하다

2 여러분은 지금 어디에서 살아요? 그곳은 어때요? 어떤 점이 마음에 들어요? 어떤 점이 마음에 안 들어요? 친구하고 이야기해 봐요.

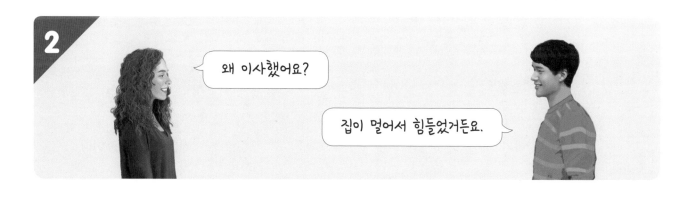

왜 이사했어요?

집이 멀어서 힘들었거든요.

1)　가　이 방은 창문이 없어서 좀 답답할 것 같아요.　→ 답답하다 stuffy, frustrating 烦闷
　　나　그럼 옥탑방도 있는데 거기에 한번 가 보실래요? 거기는 창이 크거든요.

2)　가　요즘 날씨가 좋은데 주말에 등산 갈래요?
　　나　다음에 가요. 요즘 시험 때문에 바쁘거든요.

• '때문에'는 명사 뒤에 쓰여 원인을 나타내요.
룸메이트 때문에 힘들어요.

3)　가　이번 주말에 뭐 할래요?
　　나　찜질방에 가 보고 싶어요. 아직 한 번도 못 가 봤거든요.

4)　가　이것도 정말 맛있네요. 재영 씨가 만든 음식은 다 맛있는 것 같아요.
　　나　고마워요. 사실 요리하는 게 제 취미거든요.

-거든요 ▼ 🔍

• 상대가 모를 것이라고 생각하는 사실을 알려 주거나 앞의 말에 대한 이유나 근거를 덧붙일 때 사용한다.

---

1 다음과 같이 이야기해 봐요.

> 왜 한국어를 공부해요?
>
> 한국말로 이야기하고 싶다,
> 한국 친구들이 많다

가　왜 한국어를 공부해요?
나　한국말로 이야기하고 싶어서요.
　　한국 친구들이 많거든요.

① 왜 고시원으로 이사하려고 해요?

지금 사는 곳이 많이 비싸다,
고시원은 관리비가 없다

② 왜 한국에 왔어요?

한국에서 살고 싶다,
어릴 때부터 한국에 관심이 많았다

③ 뭘 먹을래요?

비빔밥을 먹다,
여기 비빔밥이 맛있다

④ 떡볶이 먹으러 갈까요?

다른 것을 먹다,
매운 음식을 못 먹다

⑤ 주말에 뭐 해?

홍대에 갈 것이다,
약속이 있다

⑥ 언제 만날까요?

다음 주에 만나다,
이번 주는 좀 바쁘다

2 여러분은 왜 한국에 왔어요? 왜 한국어를 공부해요? 친구하고 이야기해 봐요.

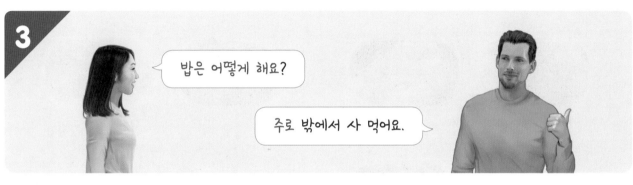

3

밥은 어떻게 해요?

주로 밖에서 사 먹어요.

식사 방법 🔍

| 사(서) 먹다 | 사다 먹다 | 포장해 오다 | 시켜 먹다 | 집에서 해(서) 먹다 |

1) 가 집에 먹을 게 없네. 우리 그냥 시켜 먹을까?
　 나 그래. 그럼 난 돈가스 먹을래. 내가 주문할게.

2) 가 오늘 저녁은 사 먹는 게 어때요?
　 나 비도 오는데 그냥 집에서 해 먹어요. 제가 맛있는 거 해 줄게요.

1 여러분은 주로 밥을 어떻게 해요? 고향에 있을 때는 어떻게 했어요? 친구하고 이야기해 봐요.

한국 음식은 어때요?

맛있어요.
그런데 고기가 들어간 음식이 많아서 좀 힘들어요.

음식 재료와 음식

고기

소고기　　돼지고기

닭고기　　양고기

해산물
해물

새우　　조개

생선

채소

양파　　당근　　감자　　버섯

상추　　깻잎　　고추　　마늘

채식주의자　　　　　　할랄 음식

볶음-볶다   튀김-튀기다   국, 찌개, 탕-끓이다   구이-굽다

1) 가 오늘 저녁은 치킨 어때?
   나 나는 튀긴 음식은 별로인데. 소화가 잘 안 되거든.
   → 소화가 안 되다 indigestible 消化不良

2) 가 다 된 것 같은데 이제 먹을까? → 익다 cooked 熟
   나 잠깐만. 채소는 다 익었는데 고기가 아직 덜 익었어.

3) 가 여기 칼국수가 맛있는데 먹을래요?
   나 제가 밀가루 음식을 안 좋아해서요. 전 다른 거 먹을게요.
   → flour 面粉

1 다음과 같이 이야기해 봐요.

> 가 우리 비빔밥 먹을까요?
>
> 나 미안해요. 저는 채소를 별로 안 좋아해요.

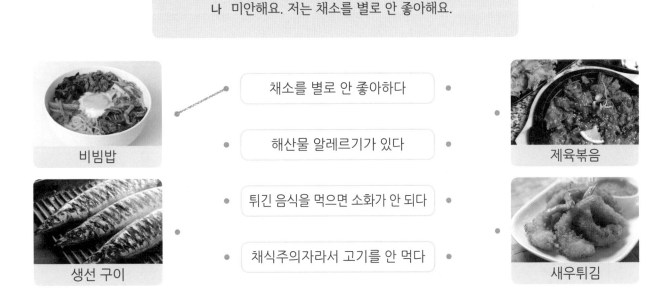

비빔밥

채소를 별로 안 좋아하다

해산물 알레르기가 있다

튀긴 음식을 먹으면 소화가 안 되다

채식주의자라서 고기를 안 먹다

제육볶음

생선 구이

새우튀김

2 여러분은 어떤 음식을 좋아하고 어떤 음식을 싫어해요? 친구들하고 이야기해 봐요.

5

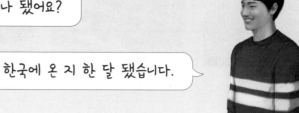

한국에 온 지 얼마나 됐어요?

한국에 온 지 한 달 됐습니다.

1) 가 학교 근처에서 살아요?
   나 네, 학교 근처로 옮긴 지 6개월 됐어요.
   └→ 옮기다 move 挪动, 搬运

2) 가 무함마드 씨는 고향에 자주 가요?
   나 고향에 못 간 지 벌써 1년 됐어요. 바빴거든요.

3) 가 요즘도 주말마다 자전거를 타요?
   나 아니요, 못 탄 지 한 달쯤 됐어요. 주말마다 모임이 있었거든요.

4) 가 요가를 배운 지 오래 됐어요?
   나 아니요, 저도 배운 지 얼마 안 됐어요.

> • '마다'는 시간을 나타내는 말 뒤에 붙어 그 시간에 한 번씩의 뜻을 나타내요.
> 월요일마다 시험이 있습니다.

-(으)ㄴ 지 [시간] 되다 ▽ 🔍
• 어떤 일을 한 후부터 말하는 때까지의 시간의 경과를 나타낸다.

1 다음과 같이 이야기해 봐요.

| 한국어를 공부하다 | 6개월 |

가 한국어를 공부한 지 얼마나 됐어요?
나 6개월 됐어요.

① 아르바이트를 하다 — 이틀

② 그 사람하고 사귀다 — 123일

③ 영화가 시작하다 — 5분

④ 기숙사에서 살다 — 한 학기

2 여러분은 얼마나 됐어요? 다음과 같이 이야기해 봐요.

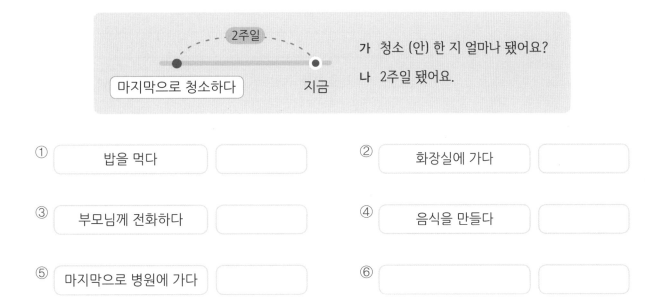

가 청소 (안) 한 지 얼마나 됐어요?
나 2주일 됐어요.

① 밥을 먹다

② 화장실에 가다

③ 부모님께 전화하다

④ 음식을 만들다

⑤ 마지막으로 병원에 가다

⑥

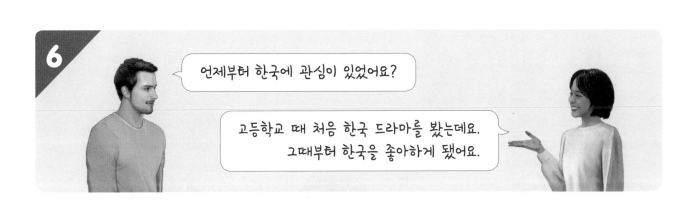

언제부터 한국에 관심이 있었어요?

고등학교 때 처음 한국 드라마를 봤는데요.
그때부터 한국을 좋아하게 됐어요.

1) 가 한국 음식 중에 매운 음식이 많은데 괜찮아요?
   나 처음에는 잘 못 먹었는데 이제 잘 먹게 됐어요.

2) 가 여기에서 계속 혼자 살았어?
   나 아니. 전에는 형이랑 살았는데 형이 취직한 후로 혼자 살게 됐어.

> • '(이)랑'은 '하고', '와/과'와 같은 의미인데 아주 편하게 말하는 상황에서 주로 사용해요.
>   생일 선물로 케이크랑 편지를 받았어요.

3) 가 페이, 너 정말 중국에 돌아가?
   나 어. 집에 일이 생겨서 갑자기 가게 됐어. 이렇게 가게 돼서 너무 아쉬워.

↪ 아쉽다. regretful 可惜, 舍不得

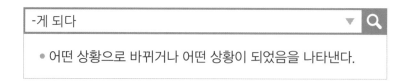

4) 가 이거 자막도 없는데 이해하면서 보는 거야?

　　나 응. 여러 번 봐서 어느 정도 이해할 수 있게 됐어.

-게 되다 ▼ 🔍
• 어떤 상황으로 바뀌거나 어떤 상황이 되었음을 나타낸다.

1 다음과 같이 이야기해 봐요.

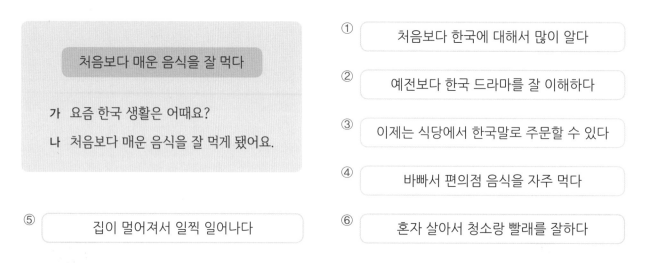

처음보다 매운 음식을 잘 먹다

가　요즘 한국 생활은 어때요?

나　처음보다 매운 음식을 잘 먹게 됐어요.

① 처음보다 한국에 대해서 많이 알다

② 예전보다 한국 드라마를 잘 이해하다

③ 이제는 식당에서 한국말로 주문할 수 있다

④ 바빠서 편의점 음식을 자주 먹다

⑤ 집이 멀어져서 일찍 일어나다

⑥ 혼자 살아서 청소랑 빨래를 잘하다

2 다음은 웨이 씨가 처음 한국에 왔을 때의 모습이에요. 지금 웨이 씨는 어떻게 달라졌을까요?

3 여러분은 최근에 무엇이 달라졌어요? 무엇을 잘하게 됐어요? 친구하고 이야기해 봐요.

한 번 더 연습해요

1 다음 대화를 들어 보세요. (032)

1) 두 사람은 무엇에 대해 이야기해요?

2) 여자는 언제 한국에 왔어요? 한국 생활이 어때요?

2 다음 대화를 연습해 보세요.

 두엔 씨는 한국에 온 지 얼마나 됐어요?

이제 6개월 됐어요. 바트 씨는요?

 저는 이제 한 달 되었어요. 두엔 씨는 어디에서 살아요?

얼마 전에 원룸으로 이사했어요.
전에는 기숙사에서 살았는데 방이 너무 작아서 불편했거든요.

 그러면 밥은 어떻게 해요?

요리할 시간이 없어서 주로 사 먹어요.

3 여러분도 이야기해 보세요.

1)

가	3개월	나	1년	기숙사
			원룸, 월세가 비싸다	부엌이 없다, 사다 먹다

2)

가	반년	나	6개월	옥탑방
			반지하, 너무 답답하다	요리를 잘 못하다, 시켜 먹다

이제 해 봐요

들어요

1 다음은 두 사람의 대화입니다. 잘 듣고 질문에 답해 보세요.

1) 남자는 한국에서 산 지 얼마나 됐어요?

2) 들은 내용과 같은 것을 고르세요.

① 남자는 주로 밥을 시켜 먹습니다.

② 여자는 미국에 있을 때도 남자를 알았습니다.

③ 남자는 한국어를 잘 못해서 불편한 게 많습니다.

읽어요

1 다음은 새로운 생활에 대해 쓴 글입니다. 잘 읽고 질문에 답해 보세요.

저는 이번 방학에 이사를 하려고 합니다. 한국에 온 지 일 년이 됐는데 벌써 세 번째 이사를 하게 되었습니다. 처음 한국에 왔을 때는 고시원에서 살았는데 방이 너무 작아서 답답했습니다. 얼마 전에 기숙사로 옮겼는데 방은 넓지만 음식을 해 먹을 수 없어서 불편했습니다. 그래서 이번 학기가 끝나면 학교 근처 원룸으로 이사를 가려고 합니다. 거기는 방도 크고 부엌이 있어서 요리도 할 수 있습니다. 집을 구할 때 동아리 친구가 도와
→ kitchen 厨房
줘서 싸고 넓은 집을 찾을 수 있었습니다. 새로 이사한 곳에서 건강하고 행복하게 지내고 싶습니다.

1) 이 사람은 처음에 어디에서 살았어요? 지금은 어디에 살아요? 어디로 이사 가려고 해요? 그리고 그 곳들은 어때요?

2) 읽은 내용과 같으면 ○, 다르면 ✕에 표시하세요.

① 이 사람은 1년 전에 한국에 왔습니다.   ○ ✕

② 이 사람은 지금 동아리 친구와 같이 살고 있습니다.   ○ ✕

말해요

1 새로운 생활에 대해 친구하고 이야기해 보세요.

1) 여러분의 요즘 생활은 어때요? 한국에 오기 전 또는 한국어를 공부하기 전과 달라진 것이 있어요?
아래 내용을 생각해 보세요.

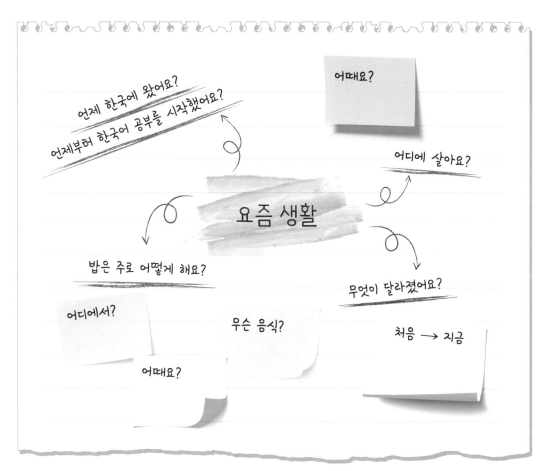

2) 친구들하고 새로운 생활에 대해 이야기하세요.

1 여러분의 새로운 생활에 대해 글을 써 보세요.

써요

1) 말하기에서 이야기한 내용을 바탕으로 글을 쓸 거예요. 어떤 순서로 쓸 거예요? 생각해 보세요.

2) 생각한 내용을 바탕으로 글을 쓰세요.

발음 소리 내어 읽기 1

● 다음을 읽어 보십시오. (034)

> 이곳에 살기 시작한 지 삼 년이 되었습니다. 처음에는 말도 통하지 않고 친구도 없어서 많이 외로웠습니다. 무엇보다 음식이 달라서 힘들었습니다. 우리 고향에서는 고기와 감자를 주로 먹는데 여기는 해산물과 채소를 많이 먹습니다. 바다가 가까워서 해산물을 쉽게 구할 수 있기 때문입니다. 그리고 조리 방법도 차이가 있습니다. 우리 고향에서는 굽거나 튀기는 요리가 많은데 여기는 재료 그대로 먹는 경우가 많습니다. 일 년 내내 기온이 높아서 간단히 요리해서 빨리 먹을 수 있는 음식을 좋아하는 것 같습니다. 덕분에 이곳에 온 후로 몸이 많이 가벼워지고 건강해졌습니다.

● 다시 읽으십시오. 이번에는 어디에서 쉬면 좋을지 표시한 후 읽으십시오.

● 다시 읽으십시오. 이번에는 틀리지 않고 빠른 시간 안에 읽어 보십시오.

자기 평가

이번 과 공부는 어땠어요? 별점을 매겨 보세요!

새로운 생활에 대해 이야기할 수 있어요?	☆☆☆☆☆

4

나의 성향

생각해 봐요 041

1 나쓰미 씨는 일을 할 때 어때요?

2 여러분은 공부하거나 일을 할 때 어떻게 해요?

학습 목표

성향에 대해 말할 수 있다.

● 성격과 성향, 걱정/고민, 조언

● -은/는 편이다, 반말(-자, -아), -으려면

● 걱정과 조언 말하기

배워요

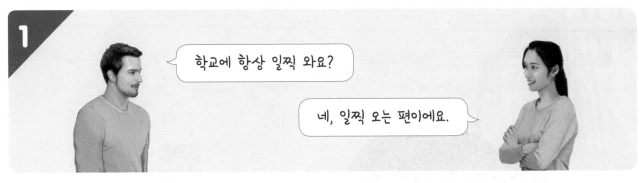

1

학교에 항상 일찍 와요?

네, 일찍 오는 편이에요.

1) 가 영지 씨는 말이 별로 없는 것 같아요.
   나 네, 제가 좀 조용한 편이에요.

2) 가 와, 너 5과 새 단어를 벌써 예습하고 있어?
   나 응. 내가 열심히 하는 편이거든. → preparation 预习 ↔ 복습 review 复习

3) 가 이번에도 말하기 시험을 잘 못 봤어.
   나 그래? 나는 말하기는 괜찮은데 쓰기를 잘 못 본 편이야.

-(으)ㄴ/는 편이다 ▼	🔍

• 어떤 사실이 대체로 어떤 쪽에 가까움을 나타낸다.

1 다음과 같이 이야기해 봐요.

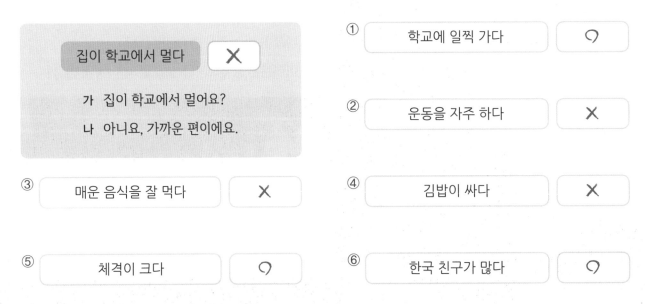

집이 학교에서 멀다 ✕

가 집이 학교에서 멀어요?
나 아니요, 가까운 편이에요.

① 학교에 일찍 가다 ♡

② 운동을 자주 하다 ✕

③ 매운 음식을 잘 먹다 ✕

④ 김밥이 싸다 ✕

⑤ 체격이 크다 ♡

⑥ 한국 친구가 많다 ♡

2 다음에 대해 친구들하고 이야기해 봐요.

한국어 　　　키 　　　돈 　　　게임

2

나쓰미 씨는 계획적인 편이에요?

네, 좀 그런 편이에요.

성격과 성향

부지런하다 　 게으르다

꼼꼼하다 　 덤벙대다

느긋하다 　 급하다

긍정적이다 　 부정적이다

적극적이다 　 소극적이다

계획적이다 　 충동적이다

다른 사람의 말에 신경을 쓰다   결정을 잘 못 하다   걱정이 많다

할 일을 미루다   제때 하다   미리 하다

1) 가 너 성격 급하지?
   나 어떻게 알았어? 나 진짜 성격 급한데.

2) 가 이번 신입 회원들은 좀 소극적인 것 같아요.
   나 네. 적극적으로 참여하는 사람이 별로 없어요.

3) 가 어느 학교에 [지원할] 거예요?
   지원하다 apply 报考
   나 아직 못 정했어요. 제가 결정을 잘 못 하는 편이거든요.

4) 가 자신의 [장점]에 대해 이야기해 주십시오.
   strength 优点
   나 부지런하고 [성실한] 것이 저의 가장 큰 장점입니다.
   성실하다 diligent 诚实

1 다음과 같이 이야기해 봐요.

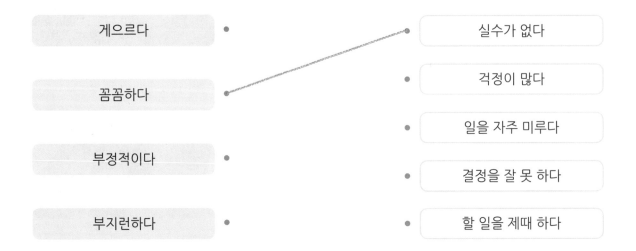

가 제니 씨는 일할 때 어때요?

나 꼼꼼해서 실수가 없는 편이에요.

게으르다		실수가 없다
꼼꼼하다		걱정이 많다
		일을 자주 미루다
부정적이다		결정을 잘 못 하다
부지런하다		할 일을 제때 하다

2 여러분은 어떤 사람이에요? 가까운 쪽에 ✔표를 하고 친구하고 이야기해 봐요.

할 일을 미리 하다		할 일을 미루다
다른 사람의 말을 신경 쓰다		다른 사람의 말을 신경 쓰지 않다
일을 꼼꼼하게 하고 싶어 하다		실수를 별로 신경 쓰지 않다
계획적으로 일을 하다		충동적으로 일을 하다
친구를 사귈 때 소극적이다		친구를 사귈 때 적극적이다
모든 일을 긍정적으로 생각하다		모든 일을 부정적으로 생각하다

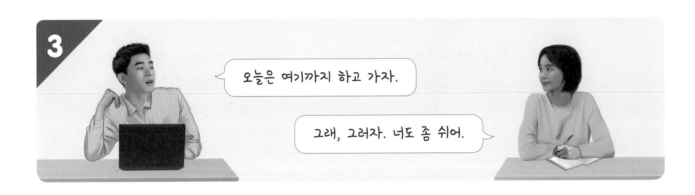

3

오늘은 여기까지 하고 가자.

그래, 그러자. 너도 좀 쉬어.

1) 가 이거 오늘까지 제출해야 되는데 다 못 하면 어떡하지?
   나 걱정할 시간에 하면 되지. 너무 부정적으로 생각하지 마.

2) 가 찌개를 끓여 봤는데 좀 싱거운 거 같아. 너도 먹어 봐.
   나 그러네. 소금 조금만 더 넣으면 될 것 같아.
   ↳ 넣다 put(in/into) 放入

3) 가 너 시험공부 다했어? 혼자 공부하기 싫은데 같이 하자.
   나 그래. 그럼 커피 마시면서 같이 하자.

> • '-기(가) 싫다'는 동사 뒤에 붙어 그 행동을 하는 것이 싫다는 의미예요.
>   '싫다' 대신 '좋다/나쁘다', '쉽다/어렵다/힘들다', '편하다/불편하다'
>   등 여러 형용사를 쓸 수 있어요.

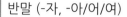
- '-자'는 청유형 반말 어미이다.
- '-아/어/여'는 명령형 반말 어미이다.

1 다음 대화를 반말로 바꿔서 이야기해 봐요.

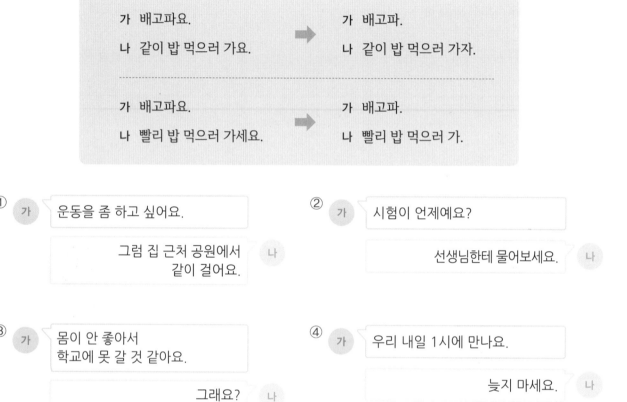

가 배고파요.
나 같이 밥 먹으러 가요. ➡ 가 배고파.
나 같이 밥 먹으러 가자.

가 배고파요.
나 빨리 밥 먹으러 가세요. ➡ 가 배고파.
나 빨리 밥 먹으러 가.

① 가 운동을 좀 하고 싶어요.
나 그럼 집 근처 공원에서 같이 걸어요.

② 가 시험이 언제예요?
나 선생님한테 물어보세요.

③ 가 몸이 안 좋아서 학교에 못 갈 것 같아요.
나 그래요? 많이 아프면 약을 꼭 드세요.

④ 가 우리 내일 1시에 만나요.
나 늦지 마세요.

⑤ 가 우리 30분만 쉬고 합시다.
나 그냥 다하고 일찍 끝냅시다.

⑥ 가 더 이상 이런 이야기는 하지 맙시다.
나 그래요. 그럽시다.

2 친구하고 같이 하고 싶은 게 있어요? 반말로 약속을 해 봐요.

3 다음과 같이 상황에 맞게 바꿔서 이야기해 봐요.

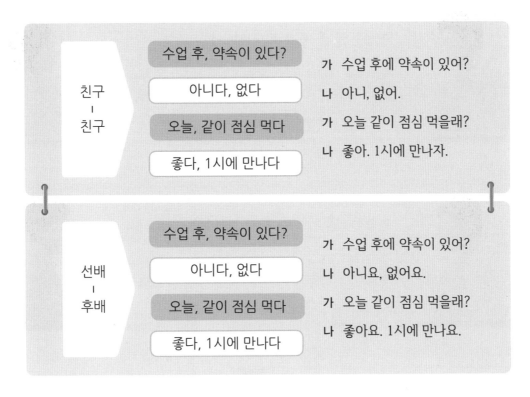

친구
―
친구

수업 후, 약속이 있다?	가 수업 후에 약속이 있어?
아니다, 없다	나 아니, 없어.
오늘, 같이 점심 먹다	가 오늘 같이 점심 먹을래?
좋다, 1시에 만나다	나 좋아. 1시에 만나자.

선배
―
후배

수업 후, 약속이 있다?	가 수업 후에 약속이 있어?
아니다, 없다	나 아니요, 없어요.
오늘, 같이 점심 먹다	가 오늘 같이 점심 먹을래?
좋다, 1시에 만나다	나 좋아요. 1시에 만나요.

① 선배
―
후배

이번 주, 동아리 회식, 가다?

네, 그런데 수업이 있다, 늦을 것 같다

나, 늦을 것 같다, 같이 가다

네, 좋다, 같이 가다

친구
―
친구

② 선배
―
후배

선생님 선물, 사다?

아니다, 아직 안 사다

그럼, 나, 같이 사다

좋다, 카드, 너, 쓰다

친구
―
친구

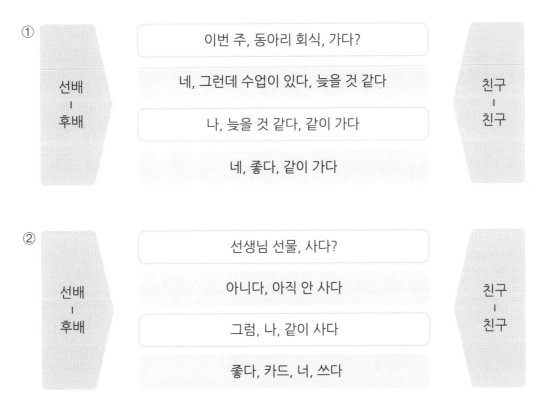

면접을 잘 못 볼까 봐 걱정이야.

너무 걱정하지 마. 잘될 거야.

면접 준비를 많이 못 해서 걱정이야.

잘될 거야.

걱정/고민

성적이 나쁘다   한국어 실력이 안 늘다   한국 생활에 적응을 잘 못 하다

사람들하고 잘 지내지 못하다   내 꿈을 부모님이 반대하다

조언

잘될 것이다   시간이 지나면 좋아질 것이다   노력하면 잘할 수 있을 것이다

자신감을 가지다   실수를 두려워하지 않다/말다   솔직하게 이야기하다

네 마음대로 하다/네가 하고 싶은 대로 하다

1 다음에 대해 친구하고 이야기해 봐요.

> 시험에 떨어지다

> 숙제를 제때 못 내다

> 표를 못 구하다

> 룸메이트와 자주 싸우다

면접을 잘 보려면 어떻게 해야 돼요?

웨이 씨의 장점을 적극적으로 말하세요.

1) 가 말하기 실력이 늘지 않아서 고민이에요.
   나 말하기를 잘하려면 실수를 두려워하지 말고 적극적으로 이야기해 보세요.
   그리고 모르는 게 있으면 언제든지 저한테 물어보세요.

> • '의문사 + 든지'는 모든 상황이나 경우를 나타내요.
> 뭐든지 좋아요. 어디든지 괜찮아요.

2) 가 요즘 건강이 나빠진 것 같아.
   나 건강해지려면 몸에 좋은 음식을 먹는 게 중요해. 야채하고 과일을 좀 먹어.
   → 중요하다 important 重要

3) 가 여기에 홍대에 가는 버스가 있어요?
   나 네. 버스도 있는데 빨리 가려면 지하철을 타세요.

> -(으)려면　▼ Q
> • '어떤 의도나 의향을 실현하기 위해서는'을 나타낸다.

1 다음과 같이 이야기해 봐요.

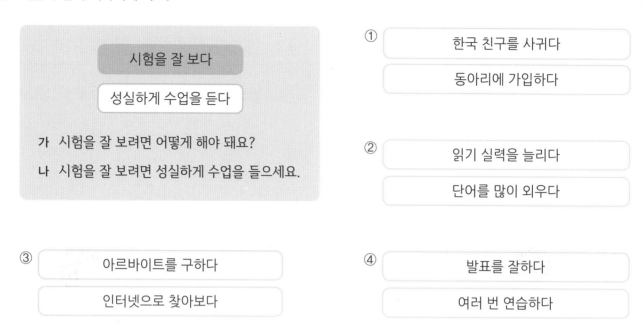

시험을 잘 보다

성실하게 수업을 듣다

가 시험을 잘 보려면 어떻게 해야 돼요?

나 시험을 잘 보려면 성실하게 수업을 들으세요.

① 한국 친구를 사귀다

동아리에 가입하다

② 읽기 실력을 늘리다

단어를 많이 외우다

③ 아르바이트를 구하다

인터넷으로 찾아보다

④ 발표를 잘하다

여러 번 연습하다

2 걱정이나 고민이 있어요? 친구한테 조언을 듣고 싶은 것이 있어요? 다음에 대해 친구하고 이야기해 봐요.

한국 생활에 적응을 잘 못 하다

장학금을 못 받다

건강이 나빠지다

발표할 때 실수를 하다

한 번 더 연습해요

1 다음 대화를 들어 보세요. (042)

1) 바트 씨는 성향이 어때요?

2) 지아 씨는 성향이 어때요?

2 다음 대화를 연습해 보세요.

 바트 씨는 결정을 할 때 어때요?

저는 좀 충동적인 편이라서 결정을 빨리 해요.

 아, 그래요? 몰랐어요.

지아 씨는 어때요?

 저는 걱정이 많은 편이라서 결정을 쉽게 못 해요.

3 여러분도 이야기해 보세요.

1)

| 가 | 시험을 보다 / 덤벙대다, 실수가 많다 | 나 | 느긋하다, 시간이 부족하다 |

2)

| 가 | 일을 하다 / 너무 꼼꼼하다, 시간이 많이 걸리다 | 나 | 게으르다, 일을 계속 미루다 |

3)

| 가 | 새로운 일을 시작하다 / 부정적이다, 걱정이 많다 | 나 | 긍정적이다, 좋은 일만 생각하다 |

이제 해 봐요

들어요

1 다음은 두 사람의 대화입니다. 잘 듣고 질문에 답해 보세요.

1) 여자의 성격으로 맞는 것을 <u>모두</u> 고르세요.

① 급하다 　　　　　② 꼼꼼하다 　　　　　③ 느긋하다

④ 덤벙대다 　　　　⑤ 충동적이다

2) 들은 내용과 같은 것을 고르세요.

① 여자는 아직 숙제를 제출하지 않았습니다.

② 여자는 자기의 성격을 바꾸고 싶어 합니다.

③ 남자가 숙제하는 것을 여자가 도와주었습니다.

읽어요

1 다음은 자신의 성향과 한국 생활에 대해 쓴 글입니다. 잘 읽고 질문에 답해 보세요.

　　한국에 온 지 4개월이 되었습니다. 한국은 우리나라와 언어와 문화가 많이 달라서 주위 사람들이 걱정을 많이 했습니다. 특히 부모님께서는 제가 한국에 가서 한국어를 배우는 것을 반대하셨습니다. 왜냐하면 저는 어렸을 때부터 이것저것에 관심이 많아서 한 가
　　　　　　　　　　　　　　→ because 因为
지 일을 끝까지 하지 못했고, 실수를 해도 별로 신경을 쓰지 않아서 공부도 잘하지 못했기 때문입니다. 부모님이 반대하셨지만 저는 한국에 왔습니다. 한국에 온 후에 저는 매일 여기저기를 구경하러 다니고 다양한 외국인, 한국인 친구를 사귀었습니다. 그리고 실수를 두려워하지 않는 성격 덕분에 한국어도 쉽게 잘하게 되었습니다. 지난 학기에는 학교에서 장학금도 받았습니다. 부모님께서는 걱정하셨지만 제 성향이 한국어 공부하는 것에는 잘 맞는 것 같습니다.

1) 이 사람은 어떤 사람이에요? 고르세요.

    ① 계획적이고 걱정이 많은 사람입니다.

    ② 실수를 두려워하지 않는 사람입니다.

    ③ 다른 사람의 말에 신경을 쓰는 사람입니다.

2) 읽은 내용과 같으면 ◯, 다르면 ✕에 표시하세요.

    ① 이 사람의 성향은 한국 생활에 도움이 됩니다.   ◯   ✕

    ② 이 사람은 부모님의 추천으로 한국에 유학을 왔습니다.   ◯   ✕

말해요

1 여러분의 성향에 대해 이야기해 보세요.

1) 여러분은 이럴 때 어때요?

공부할 때	**일할 때**
친구를 사귈 때	

2) 자기의 성향 중 마음에 드는 부분이 뭐예요?

3) 자기의 성향 때문에 힘든 일 또는 고민이 있어요?

4) 이런 고민을 해결할 수 있는 방법은 무엇일까요? 친구하고 이야기하세요.

1 나의 성향에 대한 글을 써 보세요.

써요

1) 이럴 때 여러분의 성향은 어때요?

공부할 때　　　일할 때　　　친구를 사귈 때

2) 여러분의 그런 성향 때문에 힘든 일이나 고민되는 것이 있어요?

3) 그것을 어떻게 바꾸고 싶어요?

4) 생각한 내용을 바탕으로 글을 쓰세요.

발음 ㅢ

● 밑줄 친 부분의 발음에 주의하면서 다음을 들어 보십시오.

> 가 <u>의사</u> 선생님 지금 안에 계세요?
>
> 나 지금 <u>회의</u> 중이세요.
>
> 가 그럼 이것 좀 선생님께 전해 주시겠어요?
>
>   <u>감사의</u> 마음을 담은 선물이에요.

> ◑ '의'는 [의]로 발음해요.   의사[의사]
> ◑ 첫소리에 자음이 있으면 [ㅣ]로 발음해요.   희망[히망]
> ◑ 첫음절 이외의 '의'는 [의/ㅣ]로 발음해요.   주의[주의/주이]
> ◑ 조사 '의'는 [의/ㅔ]로 발음해요.   우리의[우리의/우리에]

● 다음을 읽어 보십시오.

> 1) 주말에 두엔의 집에서 놀기로 했어요.
>
> 2) 그 강의에 저희들도 참석해도 됩니까?
>
> 3) 저기 줄무늬 옷을 입은 사람이 국회의원이에요.
>
> 4) 어린이의 꿈과 희망을 이뤄 주는 사람이 되고 싶어요.

● 들으면서 확인해 보십시오.

자기 평가

이번 과 공부는 어땠어요? 별점을 매겨 보세요!

성향에 대해 말할 수 있어요?	☆☆☆☆☆

5

여행 계획

 생각해 봐요 (051)

1 두 사람은 지금 무엇을 하고 있어요?

2 여러분은 여행을 가기 전에 무엇을 알아보고 무엇을 준비해요?

 학습 목표

여행 계획에 대해 이야기할 수 있다.

● 여행 종류, 여행 준비, 여행지의 특징

● 이나, -거나, -기로 하다, -아도

● 여행지의 특징에 대해 이야기하기

배워요

● 다음 그림을 보고 알맞은 지명을 쓰세요.

| 강릉 | 춘천 | 서울 | 전주 | 보령 | 경주 | 부산 | 제주도 |

1 여행 종류

국내 여행　　　해외여행　　　자유 여행　　　패키지여행

가족 여행　　　신혼여행　　　수학여행　　　졸업 여행　　　엠티(MT)

1 다음과 같이 이야기해 봐요.

> | 가족 여행 |
> |---|
> | 제주도 |
>
> 가 가족 여행을 가려고 하는데 어디가 좋을까요?
> 나 제주도에 한번 가 보세요. 아주 좋아요.

① 수학여행 / 경주

② 신혼여행 / 하와이

③ 졸업 여행 / 보령

④ 국내 여행 / 강릉

⑤ 엠티 / 춘천

⑥ 해외여행 / 베트남 하노이

2

숙소는 정했어?

아니, 아직. 지금 알아보고 있어.

여행 준비 ▾ 🔍

호텔   게스트하우스

일정	세우다
	잡다
	당일치기, 1박 2일

숙소	알아보다/찾아보다
	정하다
	예약하다

 교통편   알아보다/찾아보다

정하다

예약하다

항공권   기차표   입장권

예매하다

끊다

여권   비자   환전하다   여행자 보험을 들다

신청하다

발급 받다

1) 가 우리 숙소는 어디로 정할까?

        → 검색하다 search 搜索

   나 게스트하우스에서 자는 게 어때? 내가 검색해 볼게.

2) 가 부산으로 여행 가는 거 일정은 세웠어?

   나 1박 2일은 너무 짧은 것 같고 3박 4일 정도가 어때?

3) 가 어떡하지? 기차표 예매하는 걸 깜박했어.

   나 괜찮아. 버스도 있잖아. 그냥 버스 타고 가자.

> • '-잖아요'는 상대가 알고 있을 것이라고 생각한 사실을 모르고 있을 때 사용해요.
>
>   가 왜 떡볶이를 좋아해요?   나 맛있잖아요.

1 다음과 같이 이야기해 봐요.

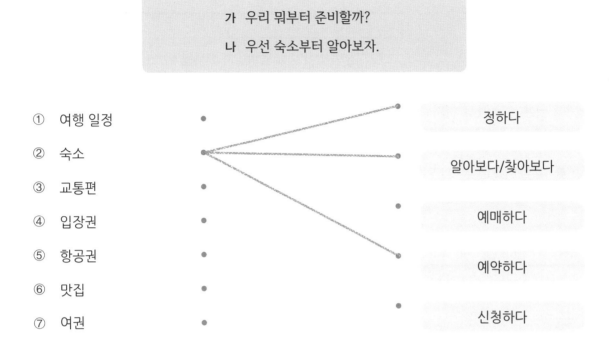

가 우리 뭐부터 준비할까?

나 우선 숙소부터 알아보자.

① 여행 일정   •   정하다

② 숙소   •   알아보다/찾아보다

③ 교통편   •   예매하다

④ 입장권   •   예약하다

⑤ 항공권   •   신청하다

⑥ 맛집   •

⑦ 여권   •

2 여러분은 한국에 올 때 어떤 준비를 했어요? 친구하고 이야기해 봐요.

여권   비자   환전   교통편

3

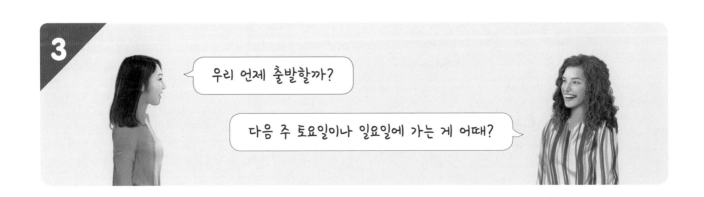

우리 언제 출발할까?

다음 주 토요일이나 일요일에 가는 게 어때?

1) 가 우리 거기에서 뭐 먹을까?
   나 생선회나 해물탕을 먹자. 부산은 해산물이 유명하거든.

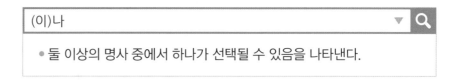

(이)나 ▼ 🔍

• 둘 이상의 명사 중에서 하나가 선택될 수 있음을 나타낸다.

2) 가 셋째 날은 숙소에서 쉬거나 자유 시간을 갖는 게 어때?
   나 그래, 좋아.

3) 가 바트 씨는 한국에 온 지 얼마 안 됐는데 힘들지 않아요?
   나 평소에는 괜찮은데 힘들거나 아플 때는 고향 생각이 나요.

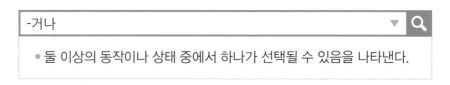

-거나 ▼ 🔍

• 둘 이상의 동작이나 상태 중에서 하나가 선택될 수 있음을 나타낸다.

1 다음과 같이 이야기해 봐요.

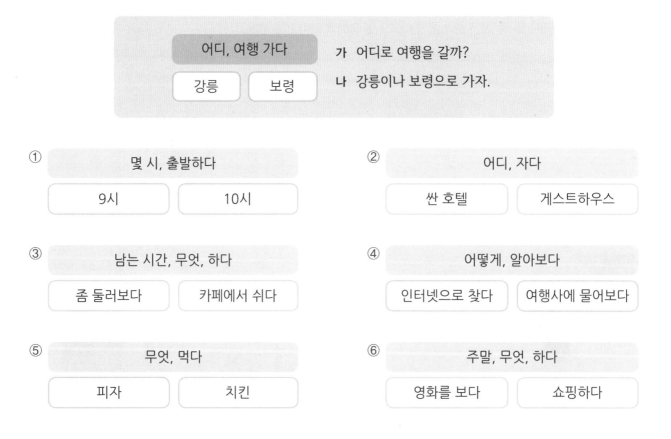

어디, 여행 가다

강릉   보령

가 어디로 여행을 갈까?
나 강릉이나 보령으로 가자.

① 몇 시, 출발하다
   9시   10시

② 어디, 자다
   싼 호텔   게스트하우스

③ 남는 시간, 무엇, 하다
   좀 둘러보다   카페에서 쉬다

④ 어떻게, 알아보다
   인터넷으로 찾다   여행사에 물어보다

⑤ 무엇, 먹다
   피자   치킨

⑥ 주말, 무엇, 하다
   영화를 보다   쇼핑하다

신혼여행은 어디로 가기로 했어요?

가까운 나라로 가기로 했어요.

1) 가 이번 휴가 일정은 정했어?
   나 이번에는 휴가가 짧아서 취소하고 다음에 가기로 했어.
   → 취소하다 cancel 取消

2) 가 많이 기다렸지? 미안해.
   나 또 늦으면 어떡해? 오늘부터 일찍 오기로 했잖아.

3) 가 오늘 수업 끝나고 친구들하고 같이 노래방 가기로 했는데 같이 갈래?
   나 아니, 안 갈래. 나 오늘부터 시험 볼 때까지 놀지 않고 열심히 공부하기로 했어.

-기로 하다	▼	🔍

• 어떤 일을 할 것을 결심하거나 다른 사람과 약속했음을 나타낸다.

1 다음과 같이 이야기해 봐요.

어디, 여행 가다   춘천

가 어디로 여행 가기로 했어요?
나 춘천으로 가기로 했어요.

① 언제, 출발하다 / 다음 주 토요일

② 누구, 가다 / 중학교 때 친구

③ 어디, 구경하다 / 야시장과 사원

④ 무엇, 먹다 / 닭갈비

⑤ 어디, 자다 / 게스트하우스

⑥ 입장권, 어떻게, 받다 / 이메일

2 여러분은 언제, 누구하고 여행을 할 거예요? 어떤 계획이 있어요?

5

> 부산은 생선회가 유명한데 좀 비싸.

> 비싸도 부산에서 생선회는 꼭 먹어 보고 싶어.

성수기 peak season 旺季
↔ 비수기 off season 淡季

1) 가 제주도는 요즘 성수기라서 사람이 많을 것 같은데 괜찮을까?
   나 사람이 많아도 이번에는 꼭 가고 싶은데.

2) 가 이 호텔은 벌써 예약이 다 찼네. → 다 차다 fully booked 満
   나 그럼 좀 멀어도 처음에 알아본 호텔로 예약하자.

3) 가 나 요즘 너무 바빠서 밥 먹을 시간도 없어.
   나 아무리 바빠도 밥은 먹어야 돼.

4) 가 우리 이거 예약할 때 비밀번호를 뭘로 했지?
     아무리 생각해도 기억이 안 나. → password 密码
   나 내 생일로 했잖아.

-아도/어도/여도 ▾ 🔍
• 앞의 내용이 그렇다고 생각하거나 그렇게 될 것이라고 생각하지만 그것이 뒤의 내용에는 영향을 주지 않음을 나타낸다.

1 다음과 같이 이야기해 봐요.

성수기라서 항공권이 비싸다

가 성수기라서 항공권이 비싼데 괜찮아?
나 비싸도 꼭 가고 싶어.

① 날씨가 좀 춥다

② 교통편이 안 좋다

③ 휴가가 짧아서 멀리 못 가다

④ 요즘 소나기가 자주 오다

⑤ 그 식당은 오래 기다리다

⑥ 야시장이 멀다

⑦ 거기는 유명해서 사람이 많다

⑧ 산이 너무 높아서 힘들다

2 다음과 같이 문장을 만들고 이야기해 봐요.

살이 찌다 gain weight 长胖

나
가족
✔ 친구
한국어 공부
내 방

많이 먹다
✔ 날씨가 춥다
피곤하다
돈이 없다
바쁘다
청소하다
열심히 하다
하기 싫다

더럽다
살이 안 찌다
실력이 안 늘다
쇼핑하다
✔ 아이스커피를 마시다
꼭 씻고 자다
?

내 친구는 아무리 날씨가 추워도 아이스커피를 마셔요.

3 여러분은 아무리 힘들어도 하는 일이 있어요? 친구하고 다음에 대해서 이야기해 봐요.

> 아무리 돈이 없어도 사고 싶은 것

> 아무리 바빠도 꼭 하는 일

> 아무리 하기 싫어도 꼭 해야 하는 일

> 아무리 하고 싶어도 하면 안 되는 일

전주가 맛집이 많다는데 전주로 갈까?

그래, 좋아. 가자.

여행지의 특징 ▾ 🔍

볼거리가 많다   먹을거리가 많다   즐길 거리가 많다

축제가 있다   맛집이 많다   전통문화를 체험할 수 있다

---

1 다음에 대해 이야기해 봐요.

① 춘천   닭갈비가 유명하다

② 경주   가을에 경치가 가장 아름답다

③ 부산   볼거리가 많다

④ 보령   다음 주부터 축제가 있다

⑤ 전주   한옥 체험을 할 수 있다

⑥ 강릉   즐길 거리가 많다

한 번 더 연습해요

1 다음 대화를 들어 보세요.

1) 두 사람은 어디로 여행을 가기로 했어요?

2) 두 사람은 무엇을 준비할 거예요?

2 다음 대화를 연습해 보세요.

 우리 어디로 여행 가면 좋을까?

경주 어때? 경치가 아름다워서 좋을 것 같은데.

 그런데 경주는 여기에서 먼데 괜찮을까?

멀어도 가자.

 그래. 그럼 경주에 가는 기차표부터 끊자.

3 여러분도 이야기해 보세요.

1)

가	유명한 맛집은 비싸다	나	전주, 먹을거리가 많다
	맛집부터 찾아보다		

2)

가	사람들이 많아서 복잡하다	나	제주도, 즐길 거리가 많다
	일정부터 정하다		

3)

가	겨울에 가면 춥다	나	강릉, 산이랑 바다를 모두 구경할 수 있다
	숙소부터 예약하다		

이제 해 봐요

들어요

1 다음은 두 사람의 대화입니다. 잘 듣고 질문에 답해 보세요.

1) 들은 내용과 같으면 ◯, 다르면 ✕에 표시하세요.

① 두 사람은 해외로 여행을 가려고 항공권을 예매했습니다.　◯　✕

② 남자는 편하게 여행을 갈 수 있는 패키지여행을 좋아합니다.　◯　✕

2) 대화 이후 여자가 먼저 알아봐야 할 것이 무엇인지 고르세요.

① 맛집　　　② 숙소　　　③ 여행지　　　④ 교통편

읽어요

1 다음은 여행 계획에 대해 쓴 글입니다. 잘 읽고 질문에 답해 보세요.

신기하다 wonderful 神奇

얼마 전 인터넷에서 아주 신기한 사진을 봤어요. 여자가 남자한테 꽃을 주는 사진이었는데 두 사람이 바다 위에 있는 것 같았어요. 두 사람 뒤에는 파란 하늘과 바다만 보여서 더욱 아름다웠어요. 사진을 보고 저도 거기에 가기로 결심했어요. 인터넷을 열심히 검색해서 드디어 그곳을 찾았어요. 바로 강릉 근처의 바닷가였어요. 그런데 그곳에 가려면 기차하고 버스를 여러 번 갈아타야 되고, 인터넷에서 본 사진처럼 하늘과 바다가 잘 나오게 사진을 찍으려면 오전에 도착해야 돼요. 그래서 저는 하루 일찍 출발하기로 했어요. 제일 먼저 호텔부터 예약하고 기차표와 버스표도 샀어요. 이제 제 사진을 멋지게 찍어 줄 여행 친구만 찾으면 돼요.

1) 이 사람은 어디로 여행을 가려고 해요?

2) 이 사람이 한 일은 ○, 아직 하지 않은 일은 ✕에 표시하세요.

① 친구하고 여행을 가기로 약속했습니다. ○ ✕

② 인터넷에서 여행 갈 장소를 알아봤습니다. ○ ✕

③ 여행지에서 잠을 잘 숙소를 정했습니다. ○ ✕

말해요

1 친구와 함께 한국 여행을 갈 거예요. 여행 계획을 세워 보세요.

1) 여행을 가려면 무엇, 무엇을 준비해야 할까요? 생각해 보세요.

2) 여러분은 어디로 여행을 갈 거예요? 무엇을 타고 갈 거예요? 그곳에는 뭐가 유명해요? 친구하고 인터넷이나 책으로 정보를 찾아보세요.

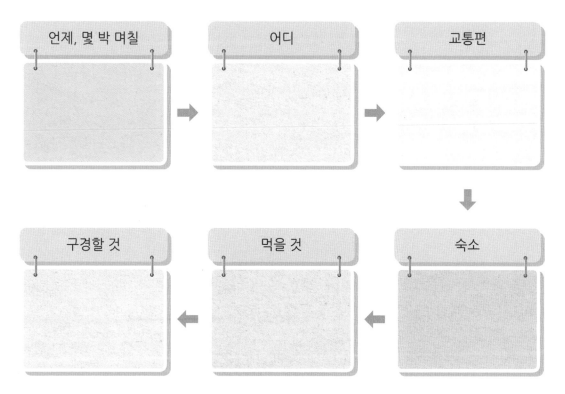

3) 여러분이 세운 여행 계획을 다른 친구들한테 이야기하세요.

1 여러분의 여행 계획을 써 보세요.

써요

1) 말하기에서 이야기한 내용을 바탕으로 글을 쓸 거예요. 어떤 순서로 쓸 거예요? 생각해 보세요.

☆ 여행 계획

2) 생각한 내용을 바탕으로 글을 쓰세요.

문화 서울 근교 관광 5선

● 한국을 방문하는 외국인들은 어떤 곳을 찾아갈까요? 다음은 서울 근교의 인기 있는 관광지입니다.

홍대
#젊음의거리 #프리마켓 #패션숍
#클럽 #맛집

파주 DMZ
#DMZ #판문점 #임진각 #자유의다리

동대문 디자인 플라자(DDP)
#디자인 #전시 #패션쇼 #떡볶이

창덕궁
#야간축제 #달빛기행 #연인과함께 #아이와함께

두물머리
#걷기여행 #양평두물머리 #용문사

● 여러분은 어디를 가 봤습니까? 이곳 외에 더 소개하고 싶은 곳이 있습니까?

자기 평가

이번 과 공부는 어땠어요? 별점을 매겨 보세요!

여행 계획에 대해 이야기할 수 있어요?   ☆ ☆ ☆ ☆ ☆

정답

1과 첫 모임

🎧 들어요

1) ① ✗   ② ◯
2) ③

📖 읽어요

1) 지난달에 TV에서 ~ 잘했기 때문입니다.
2) ②

2과 날씨의 변화

🎧 들어요

1) ③
2) ① ◯   ② ✗

📖 읽어요

1)

산 입구	산 정상
안개가 끼다 (땅이 젖어 있다)	화창하다 바람이 불다 (구름이 없다)

2) ① ◯   ② ✗

3과 새로운 생활

🎧 들어요

1) 6개월
2) ②

📖 읽어요

1) 처음 : 고시원 – 너무 작다

지금 : 기숙사 – 넓지만 음식을 해 먹을 수 없어서
　　　　　　불편하다
이사할 곳 : 원룸 – 방도 크고 부엌이 있다
2) ① ◯   ② ✗

4과 나의 성향

🎧 들어요

1) ②, ③
2) ①

📖 읽어요

1) ②
2) ① ◯ ② ✗

5과 여행 계획

배워요

🎧 들어요

1) ① ✗   ② ✗
2) ②

📖 읽어요

1) 강릉 근처의 바닷가
2) ① ✗   ② ◯   ③ ◯

듣기 지문

1과 첫 모임

011 생각해 봐요

슬기　오늘 처음 온 신입 회원을 소개하겠습니다.
　　　자기소개 부탁드려요.

바트　안녕하십니까? 저는 바트 엥흐바야르입니다.
　　　앞으로 동아리 활동 열심히 하겠습니다.

012 한 번 더 연습해요

슬기　자기소개 좀 부탁드립니다.

바트　안녕하십니까? 저는 몽골에서 온 바트 엥흐바야르입니다. 어릴 때부터 운동을 좋아해서 태권도에도 관심이 있었습니다.
　　　앞으로 열심히 활동하겠습니다.

슬기　네, 열심히 활동하기를 바랄게요.

013 이제 해 봐요

남　안녕하세요? 동아리 가입하고 싶어서 왔는데요.

여　어서 오세요. 여기 가입 신청서 작성해 주시겠어요?
　　그런데 저희 동아리는 어떻게 알고 오셨어요?

남　학교 홈페이지에서 찾아봤어요. 제가 원래 한국 미술에 관심이 많아서 미술 동아리를 찾고 있었어요.

여　잘 오셨어요. 저는 이 동아리 총무 신세경이에요.

남　아, 그러세요? 만나서 반갑습니다. 총무님이시면 회비도 받으시겠네요. 회비는 얼마예요?

여　회비요? 신입 회원한테는 안 받아요. 안 내셔도 됩니다. 내일 저녁에 신입 회원 환영회가 있는데 참석할 수 있어요?

남　내일 저녁이요? 참석할 수 있어요.

여　잘됐네요. 여기 신청서에 연락처도 써 주세요. 거기로 연락드릴게요.

2과 날씨의 변화

021 생각해 봐요

하준　바람이 많이 부네요.

줄리　그러게요. 바람이 불어서 좀 추워요.

하준　지난주까지는 괜찮았는데 이제 낮에도 좀 춥네요.

022 한 번 더 연습해요

줄리　날씨가 따뜻하네요.

하준　네, 어제보다 따뜻해졌어요.

줄리　내일도 이렇게 따뜻할까요?

하준　네, 따뜻할 것 같아요.

023 이제 해 봐요

여　어젯밤에 잘 잤어요? 비가 너무 와서 잠을 잘 못 잤어요.

남　그랬어요? 저는 전혀 모르고 잘 잤어요.

여　진짜요? 어제 천둥 번개도 치고 정말 시끄러웠는데.

남　제가 한번 자면 옆에서 무슨 소리가 나도 몰라요.
　　그런데 비가 생각보다 자주 오네요.

여　그러게요. 원래 봄에 이렇게 많이 오지 않는데.

남　이게 태풍은 아니죠?

여　아니에요. 태풍은 보통 8월이나 9월에 많이 와요.

남　그래도 오늘은 비가 내리고 난 후라서 공기도 정말 깨끗하고 좋네요.

여　맞아요. 이렇게 화창한 날씨도 오랜만인 것 같아요.

031 생각해 봐요

두엔 웨이, 혼자 지내는 건 괜찮아?

웨이 어. 많이 익숙해졌는데 혼자 밥 먹을 때는 가족 생각이 많이 나.

032 한 번 더 연습해요

바트 두엔 씨는 한국에 온 지 얼마나 됐어요?

두엔 이제 6개월 됐어요. 바트 씨는요?

바트 저는 이제 한 달 되었어요. 두엔 씨는 어디에서 살아요?

두엔 얼마 전에 원룸으로 이사했어요. 전에는 기숙사에서 살았는데 방이 너무 작아서 불편했거든요.

바트 그러면 밥은 어떻게 해요?

두엔 요리할 시간이 없어서 주로 사 먹어요.

033 이제 해 봐요

여 벤, 여기야. 잘 지냈어? 정말 오랜만이다.

남 어. 너도 잘 지냈어?

여 그럼. 우리 미국 공항에서 마지막으로 보고 처음 보는 거지? 너 여기에 언제 왔어? 3월인가?

남 아니, 2월에 왔어. 온 지 벌써 6개월이야.

여 그렇구나. 내가 너무 늦게 연락해서 미안해. 한국 생활은 많이 익숙해졌어?

남 그런 것 같아. 별로 불편한 것도 없고 재미있어.

여 다행이네. 미국에서 봤을 때보다 한국어는 훨씬 잘하는 것 같은데.

남 당연하지. 하루에 네 시간씩 한국어를 배우고 있는데 못 하면 안 되지.

여 네네. 그럼 맛있는 한국 음식도 다 먹어 봤겠네요?

남 아니야. 맛집도 잘 모르고, 주로 편의점 음식만 사 먹고 있어.

여 그래? 그럼 오늘 내가 진짜 맛있는 식당으로 안내할게.

041 생각해 봐요

나쓰미 우리 발표 전에 이날 한 번 더 만날까요?

무함마드 네. 근데 나쓰미 씨는 이렇게 할 일을 다 메모해 놔요?

나쓰미 그래야 잊어버리지 않고 제때 할 수 있거든요.

042 한 번 더 연습해요

지아 바트 씨는 결정을 할 때 어때요?

바트 저는 좀 충동적인 편이라서 결정을 빨리 해요.

지아 아, 그래요? 몰랐어요.

바트 지아 씨는 어때요?

지아 저는 걱정이 많은 편이라서 결정을 쉽게 못 해요.

043 이제 해 봐요

남 저장, 첨부 파일, 보내기! 끝. 다했다.

여 다했어? 고생했네.

남 너는? 너도 숙제 벌써 보냈어?

여 아니, 아직 안 보냈어. 작성은 다했는데 다시 한번 보고 보내려고. 실수가 있을 수도 있어서.

남 근데 오늘 여섯 시까지 아냐? 이제 한 시간도 안 남았는데 괜찮아?

여 괜찮아. 차 한 잔 마시고 새로운 마음으로 읽어 볼 시간, 충분해.

남 너 진짜 대단하다. 난 제출할 시간이 가까워지면 걱정돼서 그냥 보낼 때가 많은데. 그래서 실수도 많고.

여 미리 미리 하는 것도 좋은데 급하게 하는 것보다 실수 없이 하는 게 더 중요한 것 같아.

남 맞는 말이야. 앞으로 너 하는 것 보고 배워야겠다. 잘 가르쳐 줘.

5 과 여행 계획

051 생각해 봐요

지아 그럼 기차표는 됐고, 숙소는 여기 어때?

줄리 넓고 좋네. 여기로 예약하자.

052 한 번 더 연습해요

카밀라 우리 어디로 여행 가면 좋을까?

두엔 경주 어때? 경치가 아름다워서 좋을 것 같은데.

카밀라 그런데 경주는 여기에서 먼데 괜찮을까?

두엔 멀어도 가자.

카밀라 그래. 그럼 경주에 가는 기차표부터 끊자.

053 이제 해 봐요

남 나은아, 우리 연말에 가족 여행 가기로 한 거, 국내로 가야 할 것 같아.

여 왜? 이번에는 해외여행 가기로 했잖아.

남 아직 항공권도 예약 안 했는데, 준비 시간이 너무 없어. 그리고 연말 전까지 오빠가 많이 바빠서 여행 계획도 잘 못 짤 것 같고.

여 그럼 패키지여행으로 가면 안 돼? 우리가 준비 안 해도 되잖아.

남 패키지여행은 아침부터 저녁까지 바쁘게 따라다녀야 해서 좀 힘들 거야. 쉬려고 여행 가는 건데.

여 힝. 그럼 국내 어디로 갈 거야?

남 지금 생각에는 강원도 바다 있는 데로 가면 좋을 것 같아. 이번에는 네가 여행 계획 한번 짜 볼래? 국내라서 많이 어렵지 않을 거야.

여 그럴까? 재미있겠다. 그럼 무엇부터 하면 돼, 오빠?

남 음, 교통편은 많이 있어서 급하지 않을 것 같고, 숙소 먼저 찾아봐. 그리고 근처에 있는 맛집도 한번 알아볼래?

발음

3 과 소리 내어 읽기 1

034 이곳에 살기 시작한 지 삼 년이 되었습니다. 처음에는 말도 통하지 않고 친구도 없어서 많이 외로웠습니다. 무엇보다 음식이 달라서 힘들었습니다. 우리 고향에서는 고기와 감자를 주로 먹는데 여기는 해산물과 채소를 많이 먹습니다. 바다가 가까워서 해산물을 쉽게 구할 수 있기 때문입니다. 그리고 조리 방법도 차이가 있습니다. 우리 고향에서는 굽거나 튀기는 요리가 많은데 여기는 재료 그대로 먹는 경우가 많습니다. 일 년 내내 기온이 높아서 간단히 요리해서 빨리 먹을 수 있는 음식을 좋아하는 것 같습니다. 덕분에 이곳에 온 후로 몸이 많이 가벼워지고 건강해졌습니다.

4 과 ㄴ

044 가 의사 선생님 지금 안에 계세요?

나 지금 회의 중이세요.

가 그럼 이것 좀 선생님께 전해 주시겠어요? 감사의 마음을 담은 선물이에요.

045 1) 주말에 두엔의 집에서 놀기로 했어요.

2) 그 강의에 저희들도 참석해도 됩니까?

3) 저기 줄무늬 옷을 입은 사람이 국회의원이에요.

4) 어린이의 꿈과 희망을 이뤄 주는 사람이 되고 싶어요.

어휘 찾아보기 (단원별)

1과

가입 계기

관심이/흥미가 있다, 관심이/흥미가 생기다, 친구가 소개해 줘서 · 선생님한테 듣고 · 인터넷/게시판을 보고 · 우연히, 알게 되다

가입 방법과 활동

모임에 가입하다, 신청서를 작성하다, 서류를 제출하다, 회비를 내다, 자기소개를 하다, 모임에 참석하다, 활동에 참여하다, 열심히 활동을 하다

회원의 신분

회원, 신입 회원, 회장, 부회장, 총무

모임의 종류

환영회, 환송회, 뒤풀이, 회식

새 단어

미술, 전시회, 주중, 추천하다, 팬클럽, 동영상, 자연스럽다, 실력을 늘리다, 매일, 매주, 매달, 매년, 정도, 회원증, 정리하다, 끝내다, 훌륭하다

2과

날씨

구름이 끼다, 소나기가 내리다, 천둥이 치다, 번개가 치다, 비가 그치다, 화창하다, 태풍이 불다, 안개가 끼다, 건조하다, 습도가 낮다, 습하다, 습도가 높다, 후텁지근하다, 쌀쌀하다, 최고 기온, 최저 기온, 기온이 높다, 기온이 낮다, 온도, 환절기, 황사, 미세 먼지, 하늘이 뿌옇다, 공기가 나쁘다

날씨와 자연

꽃가루가 날리다, 낙엽이 떨어지다, 눈이 쌓이다, 길이 미끄럽다, 해, 해가 뜨다, 해가 지다, 달, 별, 구름, 무지개, 길, 돌, 나무, 꽃, 풀, 하늘, 땅

새 단어

땀, 영하, 보이다, 날, 젖다, 유명하다, 쯤, 익숙하다, 쓰레기, 상쾌하다, 정상

3과

사는 곳

기숙사, 고시원, 원룸, 주택, 아파트, 빌라, 옥탑방, 반지하, 월세, 전세, 보증금, 관리비

식사 방법

사(서)먹다, 사다 먹다, 포장해 오다, 시켜 먹다, 집에서 해(서) 먹다

음식 재료와 음식

고기, 소고기, 돼지고기, 닭고기, 양고기, 해산물/해물, 새우, 조개, 생선, 채소, 양파, 당근, 감자, 버섯, 상추, 깻잎, 고추, 마늘, 채식주의자, 할랄 음식, 볶음-볶다, 튀김-튀기다, 국, 찌개, 탕-끓이다, 구이-굽다

새 단어

부동산, 답답하다, 소화가 안 되다, 익다, 밀가루, 옮기다, 아쉽다, 자막, 이해하다, 부엌

4과

• 성격과 성향

부지런하다, 게으르다, 꼼꼼하다, 덤벙대다, 느긋하다, 급하다, 긍정적이다, 부정적이다, 적극적이다, 소극적이다, 계획적이다, 충동적이다, 다른 사람의 말에 신경을 쓰다, 결정을 잘 못 하다, 걱정이 많다, 할 일을 미루다, 제때 하다, 미리 하다

• 걱정/고민

성적이 나쁘다, 한국어 실력이 안 늘다, 한국 생활에 적응을 잘 못 하다, 사람들하고 잘 지내지 못하다, 내 꿈을 부모님이 반대하다

• 조언

잘될 것이다, 시간이 지나면 좋아질 것이다, 노력하면 잘할 수 있을 것이다, 자신감을 가지다, 실수를 두려워하지 않다/말다, 솔직하게 이야기하다, 네 마음대로 하다/네가 하고 싶은 대로 하다

• 새 단어

예습, 복습, 지원하다, 장점, 성실하다, 넣다, 중요하다, 왜냐하면

5과

• 지명

강릉, 춘천, 서울, 전주, 보령, 경주, 부산, 제주도

• 여행 종류

국내 여행, 해외여행, 자유 여행, 패키지여행, 가족 여행, 신혼여행, 수학여행, 졸업 여행, 엠티(MT)

• 여행 준비

일정, 세우다, 잡다, 당일치기, 1박 2일, 숙소, 알아보다/찾아보다, 정하다, 예약하다, 교통편, 항공권, 기차표, 입장권, 예매하다, 끊다, 여권, 비자, 신청하다, 발급 받다, 환전하다, 여행자 보험을 들다

• 여행지 특징

볼거리가 많다, 먹을거리가 많다, 즐길 거리가 많다, 축제가 있다, 맛집이 많다, 전통문화를 체험할 수 있다

• 새 단어

호텔, 게스트하우스, 검색하다, 취소하다, 성수기, 비수기, 다 차다, 비밀번호, 살이 찌다, 신기하다

어휘 찾아보기 (가나다순)

문법 찾아보기

1과

-(으)면서 ▼ 🔍

● 두 가지 이상의 동작이나 상태 등이 동시에 나타남을 의미한다.

It indicates two or more actions or situations occurring at the same time.

表示两种以上的动作或状态等同时出现。

동사 형용사	받침 ○	-으면서	먹다 → 먹으면서
	받침 ✕ ㄹ받침	-면서	크다 → 크면서 살다 → 살면서

가 팬클럽 활동의 좋은 점이 뭐예요?

나 팬 활동도 하면서 친구도 사귈 수 있는 거예요.

가 이 한국어 책은 어때요?

나 내용도 재미있으면서 아주 쉬워요.

격식체 Formal Style 格式体 ▼ 🔍

● 격식적인 상황에서 예의를 갖추어 말하거나 쓸 때 사용한다.

It is used to sound polite in formal speaking or writing situations.

在格式上礼貌地说话或书写时使用。

● 문장의 종류에 따른 현재 표현은 다음과 같다.

평서문

동사 형용사	받침 ○	-습니다	읽다 → 읽습니다
	받침 ✕ ㄹ받침	-ㅂ니다	크다 → 큽니다 살다 → 삽니다
명사	받침 ○	입니다	회장 → 회장입니다
	받침 ✕		총무 → 총무입니다

의문문

동사 형용사	받침 ○	-습니까?	넓다 → 넓습니까?
	받침 ✕ ㄹ받침	-ㅂ니까?	자다 → 잡니까? 멀다 → 멉니까?
명사	받침 ○	입니다	회장 → 회장입니까?
	받침 ✕		총무 → 총무입니까?

명령문

동사	받침 ○	-으십시오	앉다 → 앉으십시오
	받침 ✕ ㄹ받침	-십시오	가다 → 가십시오 만들다 → 만드십시오

청유문

동사	받침 ○	-읍시다	듣다 → 들읍시다
	받침 ✕ ㄹ받침	-ㅂ시다	하다 → 합시다 놀다 → 놉시다

가 회장님, 요즘 어떻게 지내십니까?

나 덕분에 잘 지내고 있습니다.

가 이번에 새로 가입한 신입 회원입니까?

나 네, 저는 무함마드라고 합니다. 만나서 반갑습니다.

● '-(으)ㅂ시다'는 윗사람에게는 사용하지 않는 것이 좋다.

-(으)ㅂ시다 are not particularly recommended to use when speaking to someone superior.

-(으)ㅂ시다 最好不要对长辈或上司使用。

● 과거 표현은 동사 , 형용사 뒤에는 '-았습니다/었습니다/였습니다'를 붙이고 명사 뒤에는 '이었습니다/였습니다'를 붙인다.

가 어떻게 오셨습니까?

나 회장님 좀 뵈러 왔습니다.

- 앞으로의 예정이나 계획을 나타낼 때는 동사 뒤에 '-겠습니다'나 '-(으)ㄹ 것입니다'를 붙인다. 추측을 나타낼 때는 동사 , 형용사 뒤에 '-겠습니다' 나 '-(으)ㄹ 것입니다'를 붙이고 명사 뒤에는 '일 것 입니다'를 붙인다.

  ▶ '-(으)ㄹ 것입니다'는 구어에서 '-(으)ㄹ 겁니다'로 말하기도 한다.

  ▶ '-(으)ㄹ게요'는 '-겠습니다'로 말한다.

  가 신입 회원 환영회는 언제쯤 할 겁니까?
  나 오늘 모임에서 말씀드리겠습니다.

-아야 하다

- '-아야 하다'는 어떤 일을 할 필요가 있거나 어떤 상태 일 필요가 있음을 나타내요.

  -아야 하다 indicates an obligation to take an action or the necessity of being a certain way.

  -아야 하다 表示需要做某事或需要处于某种状态。

에 대해

- '에 대해'는 명사에 붙어 그 명사가 대상이나 상대임 을 나타내요. '에 대해서, 에 대하여' 형태로도 써요.

  에 대해 attached to nouns indicates that the word is the object or topic of discussion. It can also be used in the form 에 대해서 or 에 대하여.

  에 대해 用于名词后，表示该名词是其对象或目标。也 会以 에 대해서, 에 대하여 的形式使用。

격식 표현

- '하고', '한테', '안', '못' 등은 격식적이거나 공식적인 말하기 상황이나 설명문 같은 글에서 '와/과', '에게', '-지 않다', '-지 못하다'로 사용해요.

  In official or formal speeches or writing such as an explanatory note, 와/과, 에게, -지 않다, -지 못하다 are normally used instead of 하고, 한테, 안, 못 respectively.

  하고、한테、안、못 等在用于公式化或正式的口语境 及说明文等文章中时，使用 와/과、에게、-지 않다、-지 못하다。

-기 때문에

- '-기 때문에'는 '-아서/어서/여서'와 같이 어떤 일의 이 유나 원인을 나타내요. 자신의 감정이나 상황에 대한

이유를 나타낼 때에는 '-아서/어서/여서'를 쓰는 것이 자연스럽고 분명한 이유를 강조해서 표현할 때는 '-기 때문에'를 쓰는 것이 좋아요. 문장을 종결할 때는 '-기 때문이다' 형태로 써요.

-기 때문에 indicates a reason or cause like -아서/어서/여서. When talking about your own feelings or thoughts about a situation, -아서/어서/여서 sounds more natural while -기 때문에 is more appropriate when emphasizing an apparent reason. -기 때문에 is changed to -기 때문이 다 when used at the end of a sentence.

-기 때문에 与 -아서/어서/여서 一样，表示某件事情的理 由或原因。在表达自己的感情或某种情况的理由时，使 用 -아서/어서/여서 较为自然，强调明确的理由时，最 好使用 -기 때문에。句末收尾时以 -기 때문이다 的形式 使用。

2과

-아지다/어지다/여지다

- 어떤 상태로 됨을 나타낸다.

  It describes a change of state.

  表示变成某种状态。

형용사	ㅏ, ㅗ O	-아지다	맑다 → 맑아지다
	ㅏ, ㅗ X	-어지다	흐리다 → 흐려지다
	하다	-여지다	따뜻하다 → 따뜻해지다

가 날씨가 쌀쌀하지요?

나 네, 많이 추워졌어요.

- 형용사에 '-아지다'가 붙으면 동사가 된다.

  올해는 운동을 열심히 해서 건강해지고 싶어요.

-(으)ㄹ 것 같다

- 어떤 사실이나 상태에 대한 추측을 나타낸다. 구체적 인 근거 없이 주관적으로 추측할 때 주로 사용한다.

  It contains the speaker's presumption about an event or state. It is mainly used for a subjective guess without concrete evidence.

  表示对某种事实或状态的推测。主要用于没有具体根据 的主观推测。

동사	받침 ○	-을 것 같다	작다 → 작을 것 같다
형용사	받침 × ㄹ받침	-ㄹ 것 같다	크다 → 클 것 같다 만들다 → 만들 것 같다

가 오늘 비가 올 것 같아요. 어제부터 계속 허리가 아파요.

나 그래요? 하늘은 아주 맑은데요.

● 자신의 의견을 겸손하고 부드럽게 이야기할 때도 사용한다.

It can also be used to deliver one's opinion in a moderate and gentle way.

也使用于谦和地表达自己的意见。

가 생일 선물로 책을 사 주면 어때요?

나 글쎄요. 책은 별로 안 좋아할 것 같은데요.

-(으)ㄹ까요?

● 어떤 일에 대해 묻거나 추측할 때 사용한다.

-(으)ㄹ까요? is used to ask for the listener's opinion or guess about the topic.

-(으)ㄹ까요? 用于询问或推测某事。

동사	받침 ○	-을까요?	재미있다 → 재미있을까요?
형용사	받침 × ㄹ받침	-ㄹ까요?	예쁘다 → 예쁠까요? 만들다 → 만들까요?

가 이 옷이 저한테 잘 어울릴까요?

나 그럴 것 같아요. 한번 입어 보세요.

라서

● '라서'는 '이다', '아니다' 뒤에 붙어 이유를 나타내요.

라서, added after 이다 or 아니다, is used to describe a reason or cause.

라서 用于 이다、아니다 后面表示理由。

보다

● '보다'는 앞말이 비교의 대상임을 나타내요.

보다 indicates that the preceding word is a reference for comparison.

보다 表示前面的内容是作比较的对象。

-게

● '-게'는 형용사에 붙어 뒤에 오는 동사를 꾸며 줘요.

-게 attached to adjectives modifies subsequent verbs.

-게 用于形容词后面，修饰后面出现的动词。

---

3 과

-거든요

● 상대가 모를 것이라고 생각하는 사실을 알려 주거나 앞의 말에 대한 이유나 근거를 덧붙일 때 사용한다.

It is used to provide new information that the listener would not know or give a reason to the preceding statement.

用于告知认为对方不知道的事实或对前面的话补充理由或根据。

동사	받침 ○		먹다 → 먹거든요
형용사	받침 × ㄹ받침	-거든요	크다 → 크거든요 놀다 → 놀거든요

가 맛없어요? 거의 안 먹었네요.

나 제가 매운 음식을 잘 못 먹거든요.

● 지나치게 많이 사용하면 상대를 무시하는 느낌을 줄 수 있다. 윗사람과 이야기할 때는 사용하지 않는 것이 좋다.

When used too often, it might give an impression of disrespect to the other person. It is not recommended when speaking with a superior.

使用过多会产生轻视对方的感觉，与长辈或上司谈话时最好不要使用。

-(으)ㄴ 지 [시간] 되다

● 어떤 일을 한 후부터 말하는 때까지의 시간의 경과를 나타낸다.

-(으)ㄴ지 [시간] 되다 represents the passage of time since an action or condition began.

-(으)ㄴ지 [시간] 되다 表示从做某事开始到说话时所经过的时间。

● '되다' 대신 '지나다', '흐르다', '넘다' 등을 사용하기도 한다.

동사	받침 ○	-은 지	먹다 → 먹은 지
	받침 × ㄹ받침	-ㄴ 지	보다 → 본 지 살다 → 산 지

가 한국에서 산 지 얼마나 되었어요?

나 한국에 온 지 이제 6개월이 지났어요.

가 영화를 자주 봐요?

나 아니요, 영화 못 본 지 일 년 넘었어요.

-게 되다

● 어떤 상황으로 바뀌거나 어떤 상황이 되었음을 나타낸다.

It signals a change in situation or changed state.

表示变为某种情况或成为某种情况。

동사	받침 ○	-게 되다	먹다 → 먹게 되다
	받침 × ㄹ받침		잘하다 → 잘하게 되다

가 매운 음식을 자주 먹어요?

나 전에는 별로 안 먹었는데 친구가 좋아해서 요즘은 자주 먹게 됐어요.

● 자신의 의지가 아니라 어쩔 수 없이 그렇게 되었음을 나타내기도 한다.

It also indicates that what happened was inevitable or out of one's control.

也表示并非自身意愿，而是无奈变成了那样。

가 지금 집에 급한 일이 생겨서 저녁 모임에 못 가게 됐어.

나 그렇구나. 알았어.

때문에

● '때문에'는 명사 뒤에 쓰여 원인을 나타내요.

When added after nouns, 때문에 indicates that the word is the reason or cause for an action or state.

때문에 用于名词后面表示原因。

마다

● '마다'는 시간을 나타내는 말 뒤에 붙어 그 시간에 한 번씩의 뜻을 나타내요.

마다, placed after time words, expresses that each occurrence takes place at particular intervals of time.

마다 用在表示时间的词之后，表示那个时间里一次的意思。

(이)랑

● '(이)랑'은 '하고', '와/과'와 같은 의미인데 아주 편하게 말하는 상황에서 주로 사용해요.

(이)랑 has the same meaning as 하고 or 와/과, and it is mainly used in casual conversations.

(이)랑 与 하고、와/과 的意思相同，主要在非常随意地说话时使用。

4 과

-(으)ㄴ/는 편이다

● 어떤 사실이 대체로 어떤 쪽에 가까움을 나타낸다.

It expresses that something has a certain tendency.

表示有些事实大体上接近于某一方。

형용사	받침 ○	-은	많다 → 많은 편이다
	받침 × ㄹ받침	-ㄴ	크다 → 큰 편이다 멀다 → 먼 편이다

가 한국 음식은 어때요?

나 좀 매운 편이에요. 그렇지만 맛있어요.

동사 있다, 없다	현재	받침 ○	-는 편이다	재미있다 → 재미있는 편이다
		받침 × ㄹ받침		보다 → 보는 편이다 살다 → 사는 편이다
	과거	받침 ○	-은 편이다	먹다 → 먹은 편이다
		받침 × ㄹ받침	-ㄴ 편이다	하다 → 한 편이다 놀다 → 논 편이다

● 동사에 붙일 때는 '잘, 자주, 많이, 빨리' 등의 부사를 함께 사용한다.

가 벌써 다 먹었어요?

나 네, 제가 밥을 좀 빨리 먹는 편이에요.

가 나 오늘 발표 정말 못한 것 같아. 어제 연습 많이 했는데.

나 그 정도면 아주 잘한 편이야.

반말 (-자, -아/어/여) 🔽 🔍

- '-자'는 청유형 반말 어미이다.

  –자 is a propositive sentence-ending particle used in informal speech.

  -자 是共动型非敬语词尾。

	받침 ○		먹다 → 먹자
동사	받침 ✕	-자	마시다 → 마시자
	ㄹ받침		만들다 → 만들자

가 저 영화 재미있을 것 같아. 우리 저거 보자.

나 그래 좋아.

- '-자'의 부정은 '-지 말자'이다.

  –지 말자 is the negative form of –자.

  -자 的否定形式为 -지 말자。

가 오랜만에 청소 좀 하자.

나 오늘은 하지 말자. 쉬고 내일 하자.

- '-아/어/여'는 명령형 반말 어미이다.

  -아/어/여 is imperative ending suffix used in informal speech.

  -아/어/여 是命令型非敬语词尾。

	ㅏ, ㅗ ○	-아	오다 → 와
동사	ㅏ, ㅗ ✕	-어	마시다 → 마셔
	하다	-여	일하다 → 일해

가 어제 잠을 못 자서 너무 피곤해.

나 오늘은 늦게까지 게임하지 말고 일찍 자.

- '-아/어/여'의 부정은 '-지 말아'이나 일상 대화에서는 '-지 마'를 더 많이 사용한다.

  -지 말아 is the negative form of -아/어/여, but -지 마 is used more often in casual conversations.

  -아/어/여 的否定形式为 -지 말아, 在日常对话中更经常使用 -지 마。

가 나 이 티셔츠 살까?

나 사지 마. 지금 입은 티셔츠도 그거랑 비슷해.

-(으)려면 🔽 🔍

- '어떤 의도나 의향을 실현하기 위해서는'을 나타낸다.

  It means "if you intend or want to do something".

  表示"为了实现某种意图或意向"。

	받침 ○	-으려면	먹다 → 먹으려면
동사	받침 ✕	-려면	보다 → 보려면
	ㄹ받침		만들다 → 만들려면

가 한국 친구를 많이 사귀려면 어떻게 해야 돼요?

나 한국 문화 동아리에 한번 가입해 보세요.

-기(가) 싫다

- '-기(가) 싫다'는 동사에 붙어 그 행동을 하는 것이 싫다는 의미예요. '싫다' 대신 '좋다/나쁘다', '쉽다/어렵다/힘들다', '편하다/불편하다' 등 여러 형용사를 쓸 수 있어요.

  -기(가) 싫다 added to verbs indicates that you do not want to do the action. Different adjectives such as 좋다/나쁘다, 쉽다/어렵다/힘들다 or 편하다/불편하다 can be used instead of 싫다.

  -기(가) 싫다 用于动词后面, 表示讨厌去做该行为。还可以使用 좋다/나쁘다、쉽다/어렵다/힘들다、편하다/불편하다 等其他形容词代替 싫다。

의문사+든지

- '의문사 + 든지'는 모든 상황이나 경우를 나타내요.

  의문사 + 든지 describes any kind of situation or condition.

  의문사 + 든지 表示所有的状况或情形。

(이)나 🔽 🔍

- 둘 이상의 명사 중에서 하나가 선택될 수 있음을 나타낸다.

  It indicates that one can be selected from two or more things.

  表示可以从两个以上之中选择一个。

명사	받침 ○	이나	빵이나 김밥
	받침 ×	나	커피나 주스

가 주말에 보통 뭐 해요?

나 드라마나 영화를 봐요.

-거나

- 둘 이상의 동작이나 상태 중에서 하나가 선택될 수 있음을 나타낸다.

  It indicates that one can be selected from two or more actions or states

  表示可以在两个以上的动作或状态中选择一个。

동사	받침 ○		먹다 → 먹거나
형용사	받침 × ㄹ받침	-거나	가다 → 가거나 만들다 → 만들거나

가 이번 방학 때 뭐 할 거예요?

나 여행을 가거나 아르바이트를 하려고 해요.

가 두엔 씨는 초콜릿을 자주 먹어요?

나 아니요. 기분이 안 좋거나 피곤할 때만 가끔 먹어요.

-기로 하다

- 어떤 일을 할 것을 결심하거나 다른 사람과 약속했음을 나타낸다.

  It describes one deciding to do something or promising to do something with someone.

  表示决心做某事或已与他人约定。

동사	받침 ○		먹다 → 먹기로 하다
	받침 × ㄹ받침	-기로 하다	가다 → 가기로 하다 놀다 → 놀기로 하다

가 어디 갔다 와요?

나 운동요. 올해부터는 열심히 운동하기로 했거든요.

가 토요일에 같이 쇼핑하러 갈래?

나 미안해. 줄리하고 영화 보기로 했어.

-아도/어도/여도

- 앞의 내용이 그렇다고 생각하거나 그렇게 될 것이라고 생각하지만 그것이 뒤의 내용에는 영향을 주지 않음을 나타낸다.

  It conveys the meaning that although the speaker accepts or assumes the preceding clause, this has no relation to the following clause.

  表示认为前面的内容是那样或将变成那样，但并不影响后面的内容。

동사	ㅏ, ㅗ ○	-아도	좋다 → 좋아도
형용사	ㅏ, ㅗ ×	-어도	듣다 → 들어도
	하다	-여도	하다 → 해도

가 아프면 학교에 안 갈 때도 있어요?

나 아니요. 저는 아무리 아파도 학교에는 꼭 가려고 해요.

-잖아요

- '-잖아요'는 상대가 알고 있을 것이라고 생각한 사실을 모르고 있을 때 사용해요.

  -잖아요 is used when the listener does not know the information or fact that he/she is expected to know.

  -잖아요 用于以为对方知道，而对方却并不知道该事实时。

MEMO

**고려대
한국어** 3A

초판 발행	2020년 9월 10일
초판 3쇄	2022년 8월 30일
지은이	고려대학교 한국어센터
펴낸곳	고려대학교출판문화원
	www.kupress.com
	kupress@korea.ac.kr
	02841 서울특별시 성북구 안암로 145
	Tel 02-3290-4230, 4232
	Fax 02-923-6311
유통	한글파크
	www.sisabooks.com/hangeul
	book_korean@sisadream.com
	03017 서울시 종로구 자하문로 300 시사빌딩
	Tel 1588-1582
	Fax 0502-989-9592
일러스트	정회린, 황주리
편집디자인	한글파크
찍은곳	(주)에스엠씨앤피
ISBN	979-11-90205-00-9 (세트)
	979-11-90205-52-8 04710

값 17,000원
※ 잘못 만들어진 책은 바꿔 드립니다.